QUAND L'ALLEMAGNE S'EST RÉINVENTÉE

Collection Mémoires/Histoire

Tél. : 01 44 73 80 00. Fax : 01 44 73 00 12. E-mail : contact@autrement.com
ISBN : 978-2-7467-1438-0. ISSN : 1157-4488.
Dépôt légal : septembre 2010. Imprimé en France.

QUAND L'ALLEMAGNE S'EST RÉINVENTÉE
Le choc de la réunification

Dirigé par Olivier Breton et Pierre Janin

En partenariat avec le newsmagazine *ParisBerlin*

Éditions Autrement – collection Mémoires/Histoire n° 154

INTRODUCTION. LA RÉUNIFICATION ALLEMANDE OU L'AVÈNEMENT D'UNE NOUVELLE CITOYENNETÉ

Les données sociologiques, économiques, humaines concernant la réunification sont floues, variables, contrastées, et les analyses parfois antagonistes. Pire : la plupart des sources se superposent, s'emmêlent ; les témoignages se contredisent. À grands coups de chiffres et de sondages, de textes de souvenirs approximatifs, on essaie de dégager un sens à la réunification. De la jauger, de la calculer, de la juger.

Pour les uns, on retient que le bilan économique de la réunification est globalement mauvais (désastreux même selon un rapport commandé à treize « sages » par le gouvernement allemand en 2005) ; que les infrastructures et les équipements créés ont été inutiles et disproportionnés ; que l'Allemagne n'a pas su tirer partie de l'afflux d'une main-d'œuvre qualifiée supplémentaire en provenance de l'Est ; que les entreprises de l'Est ont été spoliées (plus de 14 000 magasins et/ou entreprises ont été privatisés et vendus pour imposer les normes de l'Ouest : rentabilité, environnement, droit de la concurrence...) ; que, malgré les injections d'argent, le dépeuplement de l'Allemagne de l'Est se poursuit ; que près de 1 500 milliards d'euros ont été dépensés dans la réunification pour un résultat très insuffisant ; que le niveau de vie global des Allemands aurait baissé à la suite de la réunification (supérieur de 35 % à celui des Français avant la réunification, il lui serait inférieur aujourd'hui)...

Pour les autres, c'est le sens de l'Histoire ; c'est la fraternité retrouvée ; ce sont de multiples opportunités pour les investisseurs ; c'est l'entrée dans le monde moderne libre après le joug soviétique et les exactions de la Stasi ; c'est un niveau de vie des Allemands de l'Est multiplié par trois en vingt ans (30 % de celui des Allemands de l'Ouest en 1989, il serait de 70 % aujourd'hui et atteindrait 85 % en 2020...). En fait, selon Ulrich Blum, président de l'Institut économique de Halle, il faudra vraisemblablement entre trente et quarante ans pour atteindre un niveau de développement égal entre l'Ouest et l'Est).

D'un point de vue européen, mêmes hésitations et mêmes incertitudes : 58 % des Européens de tous les États membres considèrent ainsi que l'élargissement a contribué à la perte d'emplois dans leur pays, et 50 % qu'il a augmenté le sentiment d'insécurité. Bref, le sens de l'Histoire a besoin de quelques années encore avant d'être établi. Mais ce qu'on ne pourra ôter à la réunification et que pressentait Hans-Dietrich Genscher, ministre fédéral allemand des Affaires étrangères de 1974 à 1992, c'est qu'elle a permis un élargissement rapide de la communauté européenne à l'Est, « Que l'Europe devait être, et serait un jour rassemblée ; que le combat de la réunification de l'Allemagne allait de pair avec le combat pour l'unité de l'Europe ! Qu'ils servaient un seul et même dessein[1] ». Un élargissement qui passait notamment par la résolution d'un contentieux d'envergure : le règlement de la ligne Oder-Neisse.

---

1. Jacques Chirac, président de la République française, le 3 octobre 2000.

Dans tous les cas, l'Allemagne, réellement réunifiée ou pas, maintient sa place en tant que première force économique européenne et a su, peu ou prou, bien ou mal, absorber près de 18 millions de personnes. Qu'on le veuille ou non, l'Allemagne réunifiée, avec ses 80 millions d'habitants, est aujourd'hui une puissance colossale. Si forte que certains la pensent même capable de s'émanciper de la zone euro. Nous sommes bien loin des sombres prévisions des analystes qui pensaient, en 1990, que cette « nouvelle et grande » Allemagne, s'écroulerait sous le poids d'une Allemagne de l'Est lourdement endettée, peu productive, drastiquement en manque de matières premières, disposant d'un appareil productif archaïque et finalement incapable de quitter son socialisme économique d'inspiration soviétique au profit du libéralisme de l'Ouest.

L'histoire de ces vingt dernières années n'a pas été un long fleuve tranquille entre les deux Allemagne, loin s'en faut. Et au sens strict n'a pas non plus été une « réunification » (*Wiedervereinigung*) d'un point de vue constitutionnel, institutionnel, territorial ou même au regard de l'intégration européenne. D'ailleurs, les Allemands préfèrent utiliser le terme de « tournant » (*Wende*), qui souligne le caractère pacifiste et fluide de ce mouvement, tandis que les instances officielles parlent de *« Beitritt der DDR im Grundgesetz der BRD »* (« entrée de la RDA dans la Loi fondamentale de la RFA[1] »). Mais force est de constater que le processus a, avant tout, été une absorption, un élargissement de l'Allemagne de l'Ouest vers l'Allemagne de l'Est mené tambour battant par Helmut Kohl et son plan secret en dix points qui prit tout le monde de court[2], et que si, d'un point de vue politique, la réunifi-

1. La Loi fondamentale de la RFA a été votée le 23 août 1990.
2. Voir dans cet ouvrage Gérard Sebag, « Gorbatchev, ou la course effrénée vers la liberté », p. 37.

cation a effectivement été réalisée[1], elle est en revanche encore en chemin d'un point de vue économique et humain.

C'est ce chemin jalonné d'embûches sur lequel se trouvent encore les Allemands aujourd'hui. Une réunification en marche dont l'ancien chancelier Willy Brandt avait bien pressenti la nature complexe dès 1989 en utilisant à son égard la formule « *Es wächst zusammen, was zusammengehört* » (« ce qui est lié grandit ensemble »), qui renvoie à la construction d'un organisme vivant en mouvement et fait de cellules multiples et complexes. Cette métaphore fonde aussi l'idée d'une Allemagne en perpétuelle (r)évolution, qui travaille à sa mutation, qui peut maintenant clairement chanter « *wir sind ein Volk* » (« nous sommes un seul peuple »). Avec la réunification, une nouvelle citoyenneté est devenue possible pour les Allemands, une citoyenneté européenne[2] éprouvée, mais aussi et surtout la preuve qu'une citoyenneté fondée sur une idée morale et politique est possible : le rejet du totalitarisme d'où qu'il vienne. C'est cette idée que l'on retrouve de manière constante depuis vingt ans dans chaque discours des dirigeants allemands, que l'on retrouve dans les premiers articles de la Constitution allemande et qui a rendu la réunification aussi puissamment symbolique et précieuse. En ce sens elle mérite bien quelques commémorations.

Olivier Breton

---

1. Voir l'article 23 de la Loi fondamentale du 23 août 1990 : « Aucune autre partie de l'Allemagne » n'est désormais appelée à rejoindre le giron de la mère patrie.
2. Voir notamment la thèse d'Alfred Grosser dans son livre *L'Allemagne en Occident* (Paris, Fayard, 1985) selon laquelle les Allemands avaient trouvé dans l'Europe une citoyenneté de substitution, parce qu'il leur avait été difficile d'exprimer leur patriotisme après la guerre.

1. RDA-RFA : PORTRAIT DE FAMILLE AVANT UNION

Population

Côté RFA, la population est passée de 43 millions, après la Seconde Guerre mondiale, à 62,7 millions en 1990 ; elle a chuté de 18,4 à 16,4 millions à l'Est. 5,2 millions de personnes se réfugieront à l'Ouest pendant toute la période.

Espérance de vie

En quarante ans, à l'Ouest, la longévité s'accroît de 65 à 68 ans pour les hommes, de 73 à 79 ans pour les femmes.

Elle est de trois années moins longue à l'Est.

Niveaux de vie

Dès les années 1950, la RFA entre dans le « miracle économique ». Bientôt, 30 millions de voitures roulent à l'Ouest, la semaine de travail est passée à cinq jours (– de quarante heures), mais les inégalités s'accroissent : 2 millions de personnes font appel à l'aide sociale.

À l'Est, le rationnement ne prend fin qu'en 1958 : voiture et téléphone restent longtemps encore insatisfaits. Mais il n'y a pas de chômage ; au contraire on manque de main-d'œuvre ; 90 % des jeunes travaillent.

Gouvernement

La RFA se donne une constitution démocratique dans le cadre d'un État fédéral, formée de 10 Länder. Nommé par le président de la République, le chancelier, issu de la majorité parlementaire, dirige le gouvernement. Bonn devient la capitale, avec l'accord des troupes d'occupation ; Berlin-Ouest relève d'un statut particulier.

Démocratie dite populaire, la RDA est régie par un parti unique, le SED (parti socialiste unifié allemand) avec à sa tête un secrétaire général du Comité central. Le ministère de la Sécurité publique (Stasi) exerce un contrôle sévère sur la population et les moyens de communication. Les organes institutionnels sont situés à Pankow, au nord de Berlin.

Agriculture et alimentation

À l'Ouest, les fermes se transforment en de grandes exploitations, fortement technicisées. Entre 1950 et 1989, près des deux tiers des paysans cessent leur activité. Les « fastfood » débarquent et le problème de l'obésité fait son apparition.

À l'Est, la production agricole repose sur des coopératives et fermes d'État, il n'y a plus de paysans « privés ». L'approvisionnement en produits de bouche est « tristement stable », les prix fortement subventionnés.

Commerce et industrie

Dès 1959, la RFA est le 2e plus gros exportateur de produits manufacturés, se plaçant parfois dans une forme de dépendance à l'égard de ce marché.

En RDA, toutes les industries ont été nationalisées. À l'image de l'économie soviétique, l'accent a été mis sur l'industrie lourde.

Sciences et techniques

Dès 1961, la pilule contraceptive est disponible en RFA, quatre ans plus tard en RDA. Des deux côtés, on lance les premières centrales nucléaires en 1966.

Information et médias

À l'Ouest, les journaux et magazines (*Bild*, *Stern*, *Spiegel*) atteignent rapidement des diffusions énormes. La première chaîne de télévision Dar Erste apparaît en 1954, la télévision en couleurs en 1967, la première chaîne privée (Sat 1) et RTL en 1984. Les congés payés de dix-huit jours permettent un engouement grandissant pour le camping et bientôt les voyages lointains.

À l'Est, les organes d'information et de divertissement sont sous la coupe de l'État. Si le droit aux vacances est inscrit dans la Constitution, les déplacements se limitent aux pays frères.

Minorités

En 1974, la RFA compte 4 millions de travailleurs immigrés, Italiens, Turcs, Yougoslaves.

La RDA recrute (– de 1 million de personnes) essentiellement dans les pays communistes, Pologne, Vietnam et Corée du Nord, Chine, Cuba, Mozambique, Angola.

Langue

À l'Ouest, les médias se font très vite l'écho d'anglicismes, relevés dans le dictionnaire *Duden* dès 1961 : « comics », « fan », « hobby », « job », « quiz ». Les termes « libéral » ou « économie de marché » ont une connotation positive d'un côté, négative de l'autre.

À l'Est, apparaissent de nouveaux mots dans le parler quotidien, non pratiqués à l'Ouest : « *Bückware* » pour ce qu'on offre sous le comptoir, « *Grilleta* » pour le hamburger. L'apprentissage de la langue russe est obligatoire.

Armes

La surenchère de l'arme nucléaire marque l'époque. Dès 1955, à l'Ouest, les troupes américaines d'occupation ont accumulé des armes de terreur ; l'opinion publique n'en sera informée que deux ans plus tard. L'Union soviétique fait de même en RDA ; peu à peu se développent des mouvements citoyens de protestation. Il faut attendre 1987 et l'accord russo-américain pour que soit décidée la destruction des fusées de moyenne portée.

Religion

En RFA, les Églises tant catholiques que protestantes, institutionnelles, puissantes et fortement implantées, bénéficient d'un impôt d'Église prélevé automatiquement avec l'impôt sur le revenu (25 millions de pratiquants environ dans chaque confession, mais en diminution).

En RDA, les Églises jouent un double rôle : elles offrent un refuge aux opposants, fédèrent les groupes et sont aussi des médiatrices entre le pouvoir et la population, bien que 70 % des Allemands de l'Est ne soient pas baptisés. On salue leur rôle indéniable dans la chute sans heurts de la dictature communiste.

Robert Fiess

2. DE LA CHUTE DU MUR À LA RÉUNIFICATION ALLEMANDE

Dans un ouvrage célèbre[1], Stefan Zweig a évoqué « les heures étoilées de l'humanité », ces tournants dans l'histoire où le destin s'accélère.

Il en est ainsi des onze mois qui séparent la chute du Mur de Berlin le 9 novembre 1989 de la réunification allemande le 3 octobre 1990. Rarement l'histoire s'est emballée de telle manière. En quelques mois, une situation que l'on croyait figée pour des décennies encore s'est délitée et retournée. La division de l'Allemagne depuis quarante ans en deux États antagonistes, têtes de pont d'un affrontement idéologique planétaire, a été surmontée en ces quelques « mois étoilés ».

Avant de rappeler le déroulement des principaux événements qui ont jalonné ces onze mois, il convient de les replacer dans leur contexte et de rappeler le caractère foncièrement inattendu et imprévisible de cette période.

---

1. Stefan Zweig, *Les Très Riches Heures de l'humanité*, Paris, LGF, 2009. Le recueil original allemand a été publié en 1939.

Quand l'inattendu se produit…

En 1989, malgré les difficultés économiques et sociales croissantes auxquelles la RDA est confrontée, la perspective d'une réunification des deux Allemagne paraît encore lointaine. En juin 1989, Gerhard Schröder, alors président fédéral du SPD (parti social-démocrate d'Allemagne) et futur chancelier, déclare que les chances d'une réunification sont inexistantes, tandis que le dirigeant de la RDA, Erich Honecker, promet que le Mur de Berlin durera encore cent ans.

Pourtant, le 9 novembre, de manière inattendue et fortuite, le Mur de Berlin tombe. Une brèche s'est ouverte à la suite d'un malentendu et le peuple s'y engouffre. La revendication de liberté se mue alors en volonté de réunification : « *Wir sind das Volk* » (« nous sommes le peuple ») devient « *Wir sind ein Volk* » (« nous sommes un seul peuple »), scandé quelques jours après dans les manifestations. Mais des rêves du peuple à leur réalisation, le chemin risque d'être long.

Il faut se garder de tout anachronisme. En racontant cette période historique *a posteriori*, il semblerait que la réunification pacifique de l'Allemagne coule de source après la chute du Mur. Or, nul ne pouvait prévoir, fin 1989, l'issue rapide et pacifique de la réunification de l'Allemagne dès l'automne suivant. En effet, le processus n'était pas d'emblée voué au succès pour au moins deux raisons. En premier lieu, il y avait l'occupation soviétique, forte de 380 000 soldats stationnés autour de Berlin, ceinte de terrains militaires soviétiques à une heure de char environ. L'armée russe pouvait investir Berlin très rapidement, comme ce fut le cas lors du soulèvement ouvrier du 17 juin 1953. Les Soviétiques pouvaient, de surcroît, compter sur l'appui de l'armée, de la police et du ministère de la Sécurité d'État (la « Stasi ») allemands, solidement armés. En second lieu, il y avait le mythe tenace que la RDA était la « dixième puissance industrielle du monde », un pays solide qui venait de commémorer avec faste le 40e anniversaire de sa Constitution le 7 octobre 1989 et qui pourrait durer des décennies voire des siècles... L'Occident ignorait que l'Allemagne de l'Est était au bord de l'effondrement économique.

L'Allemagne, réputée être le « pays où échouent toutes les révolutions », réussit alors une révolution de manière entièrement pacifique, sans verser une goutte de sang. La période allant du 9 novembre 1989 au 3 octobre 1990 est souvent qualifiée de tournant, *Wende*.

Pourquoi cette *Wende* fut-elle si rapide ? Pour au moins trois raisons : la situation économique catastrophique de la RDA, l'exode massif d'Allemands de l'Est vers l'Ouest, enfin la volonté des dirigeants ouest-allemands d'exploiter sans attendre les bonnes dispositions soviétiques.

La situation économique de la RDA

Le délabrement économique de la RDA est bien pire que ce que l'Ouest imagine. Révélée par le gouvernement réformiste Modrow, la situation est celle d'une faillite imminente. Afin d'améliorer le niveau de vie de la population, le PIB est-allemand est presque entièrement consacré à la consommation, au détriment des investissements. La RDA se trouve, depuis les années 1980, au bord de la cessation de paiement, ne devant son salut qu'aux crédits accordés par 400 banques de l'Ouest au prix de statistiques falsifiées.

Dans une note confidentielle du 27 octobre 1989, le chef de la planification, Gerhard Schürer écrit à Egon Krenz, Premier ministre depuis le 18 octobre, une note sur la situation économique de la RDA indiquant que le surendettement est tel, que le seul arrêt de l'endettement en 1990 conduirait à la baisse du niveau de vie de

25 à 30 %, ce qui rendrait la RDA ingouvernable. Devant le risque imminent de cessation de paiement, la « note Schürer » recommande notamment le développement de la coopération économique avec des pays occidentaux tels la France, l'Autriche et le Japon, intéressés à un renforcement de la RDA comme contrepoids politique à la RFA, ainsi que la réduction de l'économie planifiée au profit d'une responsabilisation des acteurs économiques, afin d'améliorer une productivité catastrophique. Enfin, l'atout maître dans la main de la RDA sera de monnayer vis-à-vis de la RFA une ouverture du Mur, « envisageable pendant ce siècle encore » à condition d'un soutien économique massif de l'Ouest. Son ouverture non préméditée le 9 novembre 1989 privera la RDA de son ultime monnaie d'échange.

L'émigration des Allemands de l'Est

Second facteur d'accélération de la *Wende*, l'émigration massive des Allemands de l'Est, préférant s'installer à l'Ouest une fois le Mur tombé. Sans perspective d'amélioration rapide de la situation, c'est-à-dire de réunification, il apparaît impossible d'endiguer le flot de migrants (*Übersiedler*), qui s'élève en moyenne à 2 000 personnes par jour au début de 1990. S'agissant surtout de jeunes diplômés, leur départ ne fait qu'aggraver la situation économique à l'Est.

Le contexte international

Enfin, le contexte international influe sur la rapidité du processus : la situation de Gorbatchev devenant incertaine, le chancelier Kohl et son ministre des Affaires étrangères Genscher veulent à tout prix profiter de cet état de faiblesse pour pousser l'unification.

Reprenant le fil des événements, deux périodes se détachent : avant et après les premières élections libres en RDA, le 18 mars 1990.

De la chute du Mur aux premières élections libres

La première phase de la *Wende* correspond, en RDA, au gouvernement Modrow. Au plan international, après quelques atermoiements, une négociation se noue enfin dans le but de clore la « question allemande », qui est en suspens depuis la dernière guerre.

Le 13 novembre 1989, la Chambre du peuple de la RDA élit Hans Modrow au poste de Premier ministre, en remplacement d'Egon Krenz, falot successeur de Erich Honecker depuis seulement le 18 octobre 1989. Modrow, né en 1928, est alors premier secrétaire du SED à Dresde. Communiste rénovateur, il est adepte de Gorbatchev. L'ère Honecker-Krenz de résistance à la Perestroïka est donc bel et bien close.

Le 28 novembre 1989, Helmut Kohl présente son « Plan en dix points », préparé dans le plus grand secret. Même son Genscher n'en sait rien. Kohl y propose plusieurs étapes jusqu'à l'unité allemande. Ce plan en dix points prévoit notamment des élections libres en RDA et la mise en place de structures confédératives pour la période transitoire précédant l'unité. La date de celle-ci n'est pas précisée, mais semble être envisagée au terme de plusieurs années, huit à dix ans selon certains.

Le 1er décembre 1989, la mention du rôle particulier du SED, parti communiste est-allemand, est retirée de la Constitution, ce qui ouvre la voie au pluralisme et à des élections libres.

Le 7 décembre 1989 est constitué par Modrow un gouvernement de coalition, avec comme vice-Premier ministre en charge des questions religieuses Lothar de Maizière, nouveau dirigeant de la CDU de l'Est. Ce dernier a posé comme condition l'organisation d'élections libres. Descendant d'une famille huguenote et chrétien engagé (sa sœur aînée est *Pröbstin* [évêque protestante] et l'une de ses filles est pasteur), Lothar de Maizière est élu le 10 novembre 1989 à la tête de la CDU de l'Est, à laquelle il a adhéré à l'âge de 16 ans pour ne pas être contraint de rejoindre le SED. Il est alors l'un des rares avocats à Berlin-Est à défendre des prisonniers politiques, protégé par son statut de vice-président du synode de l'Église est-allemande. Il sera en mars 1990 le premier chef de gouvernement librement élu de la RDA.

Le gouvernement Modrow ouvre aussitôt, dès la mi-décembre 1989, des discussions avec les nouveaux groupes d'opposition, les mouvements civiques et les Églises au sein d'une « Table ronde », qui durera jusqu'aux élections de mars 1990.

Cette Table ronde, qui se décline localement en autant de forums de discussions, est une vaste « catharsis » et la première expérience démocratique du peuple est-allemand, qui peut enfin exprimer ses opinions et revendications. Pendant trois mois, les discussions de la Table ronde, retransmises à la radio, sont suivies avec assiduité par les Allemands de l'Est. Certains intellectuels des mouvements civiques y développent l'idée d'une « troisième voie » entre socialisme et capitalisme, en faveur du maintien d'un État est-allemand qui serait « neutre ». Cette position idéaliste sera battue en brèche par les faits : l'effondrement de la RDA, le flot migratoire vers l'Ouest et l'aspiration à l'unité de la majorité des Est-Allemands.

Le président français François Mitterrand, en visite en RDA juste avant Noël, n'envisage manifestement pas de réunification à courte échéance, puisqu'il signe le 20 décembre 1989 avec la RDA un accord commercial d'une durée de quatre ans...

Le processus s'accélère pourtant en janvier 1990. Le 28 janvier, Modrow et la Table ronde s'accordent pour avancer la date des élections, prévues initialement en mai, au 18 mars 1990.

Le 30 janvier, Gorbatchev déclare à Modrow qu'il ne s'opposera pas à une réunification allemande. Cette annonce du leader soviétique est un tournant et permet de lancer concrètement le processus interne et externe de réunification.

Le 13 février 1990 démarrent donc à Ottawa les négociations « 4 + 2 » entre les quatre Alliés vainqueurs de la Seconde Guerre mondiale et les deux États allemands sur les aspects extérieurs de la réunification allemande. Malgré sa souveraineté presque entièrement retrouvée en 1955 par les accords de Paris, l'Allemagne conserve néanmoins un statut spécifique : tant qu'un traité de paix ne sera pas signé avec elle, les quatre Alliés conserveront des droits sur « l'Allemagne dans son ensemble » et notamment sur Berlin. La Guerre froide avait gelé la signature de ce traité de paix. Il s'agit maintenant de rendre sa pleine souveraineté à l'Allemagne. Le jeu n'est pas couru d'avance. Les quatre Alliés ont des positions différentes : les États-Unis soutiennent rapidement la réunification, tandis que la Grande-Bretagne y est hostile ; l'Union soviétique se montre très changeante et la France, après avoir émis des réticences, se rallie assez vite à l'idée de réunification.

Premier pas dans la réforme économique en RDA, la Treuhandanstalt, société fiduciaire chargée de la privatisation de tous les biens de l'État est-allemand, est créée le 1er mars 1990 par le gouvernement Modrow. Les sociétés étrangères ne peuvent encore qu'acquérir 49 % au maximum du capital des entreprises est-allemandes. Ce seuil sera supprimé après les élections. Les sociétés françaises se montreront très intéressées par les acquisitions en RDA, et la France sera le premier pays acquéreur en dehors de l'Allemagne de l'Ouest.

Des élections libres à la réunification

La seconde phase de la *Wende* débute avec les premières élections libres de la RDA, qui se déroulent le 18 mars 1990. Il s'agit, dans cette partie de l'Allemagne, des premières élections libres depuis décembre 1932, soit depuis cinquante-huit ans ! Les Allemands de l'Est vont en masse aux urnes, et le taux de participation est de 93,4 %. Une vingtaine de listes se présentent.

Le résultat des élections est une surprise. Dans ce territoire historiquement ancré à gauche et malgré des sondages confortant cette vision (pour une raison très simple : les détenteurs de téléphone en RDA sont proches du pouvoir en place), les élections voient la victoire de l'« Alliance » de centre-droit comprenant la CDU (41 %) et les groupes de l'Est favorables à une unification rapide, ainsi que les libéraux, avec un total de 63 %. C'est un plébiscite en faveur de la réunification. Le parti communiste SED a changé de nom pour s'appeler maintenant PDS (Partei des Demokratischen Sozialismus) : il recueille 16,4 % des suffrages.

Le 12 avril 1990, la première Chambre du peuple librement élue investit donc Lothar de Maizière, président de la CDU de l'Est, comme chef de gouvernement à la tête d'une grande coalition comprenant également le SPD, représentant 75,2 % des suffrages totaux. Contre l'avis de la CDU de l'Ouest d'Helmut Kohl, Lothar de Maizière souhaite cette grande coalition avec le SPD, afin de pouvoir mener l'imposant programme de réformes menant à la réunification avec la majorité la plus large. C'est un intellectuel non-politicien qui est propulsé à la tête du pays pour assurer la transition, comme ses homologues polonais (le philosophe Tadeusz Mazowiecki), tchèque (l'écrivain Vaclav Havel) ou encore hongrois (l'historien József Antall). Une complicité s'établit entre ces dirigeants atypiques ayant à affronter des situations difficiles et inédites.

La porte-parole déléguée du gouvernement de Maizière s'appelle Angela Merkel. C'est le premier poste politique de cette jeune physicienne.

Le gouvernement de Maizière affiche cinq priorités dans la conduite de la réunification : conserver son caractère pacifique (il faut désarmer la Stasi), stopper la migration massive vers l'Ouest, sécuriser l'unification sur le plan international, éviter l'effondrement financier de la RDA, régler contractuellement l'unification (pour que l'apport spécifique de la société est-allemande soit reconnu et respecté).

Dans son discours d'investiture du 19 avril 1990, Lothar de Maizière se prononce pour l'unification par l'adhésion de la RDA à la RFA, selon l'article 23 de la Loi fondamentale (Constitution ouest-allemande). Une querelle a opposé les partisans de l'article 23 (élargissement par adhésion) à ceux de l'article 146 (validité provisoire jusqu'à l'adoption d'une nouvelle constitution qui prendrait en compte les changements souhaités par les Allemands de l'Est). Cette deuxième solution, l'article 146, est écartée car trop lente par rapport aux attentes de la majorité des Allemands de l'Est. En revanche, l'article 23 nourrit symboliquement l'image d'une absorption (voire d'un « *Anschluss* » !) de la RDA dans l'Allemagne de l'Ouest.

Le 28 avril 1990, le Conseil européen à Dublin déclare que la réunification allemande est un « facteur positif » pour le processus d'unification européenne.

Le 6 mai ont lieu les premières élections municipales libres en RDA. Une nouvelle génération de maires, la plupart issue de la société civile, prend les rênes des communes.

De rapides négociations s'engagent dès le 27 avril entre les deux gouvernements allemands et aboutissent au premier acte significatif de la réunification allemande : l'accord sur l'union économique et monétaire, signé le 18 mai et qui entre en vigueur le 1er juillet 1990.

Dès cette date, le Deutsche Mark émis par la République fédérale d'Allemagne devient également l'unité monétaire de la

République démocratique allemande. La question du taux de change entre les deux monnaies est un casse-tête : s'il n'est pas de 1 pour 1, les Allemands de l'Est continueront à émigrer en masse vers l'Ouest ; s'il est de 1 pour 1, l'industrie est-allemande, dont la productivité est en réalité dans un rapport de 1 à 4, est laminée. Logique politique contre logique économique. C'est la première qui l'emporte globalement. Le compromis est le suivant. L'ancien Mark est-allemand est échangé à parité pour les particuliers jusqu'à 4 000 DM (2 000 DM pour les moins de 14 ans, 6 000 DM pour les retraités), à 2 pour 1 au-delà. Pour les entreprises, le taux est de 2 pour 1 uniformément. Les entreprises est-allemandes subissent dès lors une série de faillites, que ce taux de change accélère. La concurrence des produits ouest-allemands, plus attrayants pour les consommateurs de l'Est, contribue aussi à leur faire perdre leurs marchés.

Le 21 juin, le Bundestag et la Chambre du peuple reconnaissent définitivement la ligne Oder-Neisse, frontière effective depuis 1945, comme frontière orientale de l'Allemagne. L'Allemagne renonce donc définitivement aux anciennes provinces de Prusse-Orientale, de Silésie, de Poméranie orientale et à la partie du Brandebourg situé à l'est de ces deux rivières. Cette renonciation sera ratifiée par le traité germano-polonais signé le 14 novembre 1990 à Varsovie.

L'acceptation définitive de la réunification par Gorbatchev est obtenue lors de la visite dans le Caucase de Kohl le 16 juillet 1990. Gorbatchev y accepte aussi que la future Allemagne réunifiée reste membre de l'Otan. Cela met un terme aux atermoiements de l'Union soviétique, qui jusque-là envoie des messages contradictoires.

Le 17 juillet a lieu à Paris la troisième réunion des négociations « 4 + 2 », en présence du ministre polonais des Affaires étrangères.

Le 22 juillet, la Chambre du peuple vote la loi d'organisation des Länder, qui rétablit les cinq Länder, que la RDA centralisée avait remplacés en 1951 par des districts (Brandebourg, Thuringe, Saxe, Saxe-Anhalt et Mecklembourg-Poméranie occidentale). Les élections aux assemblées régionales (*Landtage*) auront lieu le 14 octobre. Cette reconstitution des anciens Länder est une condition *sine qua non* de l'entrée de la RDA dans la Loi fondamentale de la République fédérale d'Allemagne par le biais de son article 23.

Le 23 août, la Chambre du peuple adopte une résolution en faveur de l'adhésion de la RDA à la RFA à dater du 3 octobre. Cette date, aujourd'hui celle de la fête nationale allemande, est décidée unilatéralement par le Parlement est-allemand.

Le 31 août est signé le traité d'unification (*Einheitsvertrag*) entre les deux États allemands. Ce traité historique est ratifié à 90 % des voix du Bundestag et à 80 % des voix de la Chambre du peuple.

Enfin, le 12 septembre 1990 marque la conclusion des négociations « 4 + 2 » à Moscou par la signature du traité sur le règlement final relatif à l'Allemagne. Genscher et de Maizière pour les deux Allemagne, Chevardnaze pour l'URSS, Baker pour les États-Unis, Dumas pour la France et Hurd pour le Royaume-Uni, signent ce traité de paix avec l'Allemagne qui met un point final à la Seconde Guerre mondiale. C'est l'événement qui a le plus marqué et ému Lothar de Maizière pendant la durée de son gouvernement.

Les concessions financières sont significatives : Bonn s'engage à payer 13 milliards de DM à l'Union soviétique pour la construction de logements pour les militaires soviétiques retournant au pays et pour le coût de stationnement des troupes jusqu'à leur départ complet d'Allemagne en 1995.

Le traité « 4 + 2 » n'entrera en vigueur que le 15 mars 1991, après avoir été ratifié par l'ensemble des parlements. Mais les droits exercés par les Alliés sur l'Allemagne et en particulier sur Berlin cessent dès le 3 octobre 1990, jour de la réunification.

Vingt ans après...

Une génération a passé. La mémoire de cette histoire singulière doit être gardée vivante. Comme le dit Lothar de Maizière, qui pointe à regret l'émergence d'« une nouvelle ignorance » (« *eine neue Ahnungslosigkeit* ») à l'égard de cette histoire pourtant proche, « un peuple sans histoire est un peuple sans visage » (« *ein Volk ohne Geschichte ist ein Volk ohne Gesicht* »).

Le bilan de la réunification est globalement positif. Le choc économique a été plus ample que prévu : les « nouveaux Länder » ont connu la désindustrialisation et le chômage massif. Mais des investissements colossaux ont rénové toutes les infrastructures, logements, routes, réseaux de télécommunications, etc. La catastrophe écologique, très avancée en RDA, a été enrayée. Les transferts sociaux sont également massifs.

Les Allemands de l'Est éprouvent des regrets à l'égard de certaines décisions politiques : ainsi, en matière de droit de la propriété, la préférence accordée à la restitution des biens (souvent à des Allemands de l'Ouest) plutôt que le dédommagement. Ainsi aussi de la non-fermeture des archives de la Stasi, qui continuent à entretenir un inutile climat de suspicion, alors que ce type d'archives a été fermé dans les autres pays de l'Est en gage de réconciliation.

Chez environ 20 % des Allemands de l'Est, électeurs de « Die Linke », parti héritier du PDS et du SED, il règne la nostalgie du passé, l'« *Ostalgie* », qualifiée aussi de « *posttotalitäre Melancholie* » (« mélancolie post-totalitaire »).

Deux faits datant de l'automne 2009 montrent que la page de 1989 n'est pas entièrement tournée. D'une part, des communistes reviennent au pouvoir dans le Land de Brandebourg à travers l'alliance SPD + Die Linke, créant une polémique car certains sont d'anciens dénonciateurs de la Stasi. D'autre part, le prix Nobel de littérature a été décerné à Herta Müller, frêle écrivaine allemande de Roumanie, dont le message est de cesser de banaliser et d'enjoliver (« *verniedlichen* ») *a posteriori* les dictatures communistes.

Mais le fait que l'Allemagne réunifiée ait élu une chancelière venant de l'Est est en soi un symbole d'une certaine normalisation des rapports entre Allemands de l'Ouest et de l'Est. Autre beau symbole : les 1 300 kilomètres de l'ancienne frontière qualifiée autrefois de « bande de la mort » (« *Todesstreifen* ») sont aujourd'hui reconvertis en « bande verte » (« *Grünes Band* ») préservant la nature...

Christine de Mazières

3. KOHL/SCHÄUBLE : DEUX FRÈRES ENNEMIS AU SERVICE DE L'UNITÉ

En 1996, Jean-Marie Colombani, directeur du *Monde,* publie, chez Plon, un livre intitulé *De la France en général et de ses dirigeants en particulier.* Un seul étranger a droit à un chapitre. « Helmut Kohl, personnage central de notre vie politique. Seule l'Europe nous permettra de survivre. [...] Le géant que vous êtes n'utilise pas sa force pour assommer les autres, mais au contraire pour prêcher aux Allemands le passage à l'Europe, l'abolition de l'identité allemande sous une forme que vous ne voulez plus connaître et sa transformation dans une Europe unie. » En 1976, Franz-Josef Strauss, puissant patron de la Bavière et de la CSU, la démocratie chrétienne bavaroise, avait déclaré : « Il [Kohl] est totalement incapable. Il lui manque les bases de caractère, intellectuelles et politiques, il lui manque tout [pour être chancelier]. » Lui-même échoue nettement.

Kohl : l'homme de pouvoir

Une fois, comme on aurait dit en France sous la IVe République, l'hypothèque Strauss levée, Helmut Kohl a la voie libre pour préparer sa propre candidature, grâce moins à un changement de camp des libéraux de Hans-Dietrich Genscher qu'au coup de poignard dans le dos que les socialistes assènent à Helmut Schmidt à propos de l'installation des fusées Pershing face aux SS20 soviétiques. Avec Kohl, Genscher poursuit la même politique. Celle-ci recevra le ferme appui du président socialiste français François Mitterrand, dans un retentissant discours au Bundestag en janvier 1983.

Entre-temps, Helmut Kohl est devenu chancelier en 1982. Il le restera jusqu'en 1998, battant ainsi les quatorze années de Konrad Adenauer. Sa défaite d'alors sera semblable à celle de Churchill : il a voulu faire un mandat de trop, au lieu de partir dans la gloire de deux grands accomplissements, l'unité allemande et l'Europe de l'euro. Aujourd'hui, pour ses 80 ans, tout le monde lui rend hommage et même Helmut Schmidt déclare qu'il l'avait sous-estimé. Peut-être l'amitié entre Kohl et Mitterrand est-elle née parce que tous deux étaient méprisés par Helmut Schmidt pour leur incompétence en économie ! En tout cas, quiconque a regardé les obsèques de François Mitterrand à Notre-Dame se souvient des larmes de Helmut Kohl.

L'amitié étonnante entre les deux hommes, fondée en partie sur leur goût de l'Histoire, a surmonté les divergences de 1989-1990. Il est vrai que le président français était soucieux à la fois de l'insertion définitive de l'Allemagne dans une Europe en marche vers l'unification et de l'acceptation non moins définitive par l'Allemagne de la frontière polonaise correspondant à la perte d'un quart du territoire allemand du Traité de Versailles. Sur la frontière – que l'on croyait déjà rendue inchangeable par le traité signé par Willy Brandt en 1970 –, Helmut Kohl se fit attendre.

Sur l'insertion européenne, elle devint en 1990 le caractère essentiel de l'unité. L'article 10 du traité signé entre les deux États allemands précisait que les « nouveaux Länder » seraient obligés d'introduire dans leur législation et leurs règles internes tous les éléments des obligations européennes en vigueur pour la République fédérale. Lorsque, en septembre 1990, le traité « 4 + 2 » fut signé entre les deux États allemands et les quatre occupants de 1945, beaucoup d'Allemands comprirent mal – jusqu'à aujourd'hui – l'article rendant à l'Allemagne unifiée la pleine souveraineté allemande. Celle-ci n'était pas plus complète que celle des autres membres de la Communauté européenne.

Schäuble : l'éminence grise

Sans le *Einheitsvertrag*, le traité d'unification d'août, le traité « 4 + 2 » n'eût pas été possible. Or l'artisan du premier était Wolfgang Schäuble, secrétaire général de la chancellerie et ministre fédéral des Tâches particulières (*Sonderaufgaben*). Certes, l'énorme texte était fondé sur l'inégalité entre les deux négociateurs et bien des articles montraient que tout était bon à l'Ouest et tout mauvais à l'Est. Mais le travail fourni en quelques semaines par l'administration allemande mise au service de Wolfgang Schäuble a été prodigieux. Il est possible que ce fut cette réussite qui fit naître le ressentiment de Kohl pour celui qui l'avait pourtant remarquablement servi. Il est vrai que le chancelier a toujours maltraité à la fois ceux qui le critiquaient et ceux qui auraient pu devenir ses concurrents. Kurt Biedenkopf, Rita Süssmuth et bien d'autres ont pu en faire l'expérience, le ressentiment n'ayant même pas disparu dans les *Mémoires*[1] écrites par un Helmut Kohl à la retraite.

1. *Ich wollte Deutschlands Einhet.*

En octobre 1990, un déséquilibré tire sur Schäuble. Depuis lors, il est paralysé et se déplace dans un fauteuil roulant. Il sera président du groupe parlementaire CDU/CSU et président de la CDU, efficace et respecté à chacun de ces postes. Pouvait-il aspirer à de plus hautes fonctions ? Il figure en tout cas parmi les Allemands les plus engagés pour l'Europe, comme en témoignent notamment, en 1994, son livre *Und der Zukunft zugewandt* et le texte signé avec le député Karl Lamers proposant une avancée européenne mal comprise et rejetée par Paris. Ministre de l'Intérieur sous Kohl et dans la grande coalition, puis ministre des Finances chargé par Angela Merkel de veiller au grain budgétaire : à chaque fois, le respect, l'hommage et aussi la critique vigoureuse de l'homme qui accepte de restreindre les libertés au nom de la sécurité. Mais alors pourquoi pas la présidence de la République ? Un handicapé au sommet – quel beau signe ce serait dans une république qui fait plus pour l'égalité des diminués physiques que sa voisine française ? Angela Merkel, à la tête du parti en décide autrement, pour ne pas déplaire aux libéraux, avec lesquels elle compte faire alliance, et sort de sa manche la candidature du directeur du Fonds monétaire international, Horst Köhler. Pour la chancellerie, donc la détention du vrai pouvoir, la comparaison s'imposerait avec Roosevelt. Mais la place est prise par celle qui sera obligée d'entrer en coalition non avec les libéraux, mais avec les socialistes.

Wolfgang Schäuble est aujourd'hui le membre le plus ancien du Bundestag. Sa loyauté à l'égard de la chancelière n'est mise en doute par personne. Comme Jean-Claude Trichet, il s'est rallié à l'appel au FMI, alors qu'il aurait préféré que l'Europe se sauve toute seule. Il passe pour dur, peut-être durci par la nécessité de se rendre sans cesse maître de son corps. Il est parfois acerbe dans la discussion. Mais ceux qui le connaissent et ont lié amitié avec lui depuis longtemps, savent que ce chrétien sincère, que ce mari d'une femme admirable est d'une sincérité et d'une profondeur rares, supérieures sans doute à celles de l'homme aux grandes réussites qu'a été Helmut Kohl.

Alfred Grosser

4. GORBATCHEV, OU LA COURSE EFFRÉNÉE VERS LA LIBERTÉ

Porte de la Résurrection, au pied de la tour Spasskaia, la grande porte d'apparat du Kremlin de Moscou s'ouvre lentement. Au pas de l'oie, le peloton de soldats dans leurs lourds manteaux, arborant l'étoile rouge sur leur chapka, s'engage sur la place Rouge ce jour de décembre 1989. Fusil de parade baïonnette au canon, la garde d'honneur longe le mur du Kremlin, s'immobilise devant le mausolée de Lénine. Elle veille le fondateur du parti communiste et de l'Union des républiques socialistes soviétiques. L'URSS paraît immuable, mais derrière ces murailles un avenir nouveau est en train de s'imposer.

Par une discrète entrée de la muraille ouest, pénètre au même moment dans l'enceinte du Kremlin la XM Citroën blindée bâtant le pavillon bleu blanc rouge de l'ambassadeur de France à Moscou, Jean-Marie Mérillon. Fin diplomate, il a la confiance de François Mitterrand qui l'a nommé il y a peu à ce poste sensible, en pleine Perestroïka. Gorbatchev l'a prié de venir lui rendre visite.

Arrivé au pouvoir en 1985, Gorbatchev est le troisième secrétaire du PC de l'URSS en quatre ans après la mort de Brejnev. À 54 ans, c'est un jeune homme qui succède aux vieillards oligarques du PC coupés des réalités.

L'URSS dans un état de décomposition

Avant son arrivée au sommet du parti, Gorbatchev était déjà convaincu de la nécessité du changement. À la mort d'Andropov, en 1984, il devait déjà lui succéder, mais avait été écarté au profit d'un dur Tchernenko. Le tour de Gorbatchev est enfin venu. Il connaît les réalités de son empire.

Derrière la façade rutilante que l'on essaie de préserver, l'URSS est dans un état de décomposition avancée. Une superpuissance aux pieds d'argile, frappée par un immobilisme politique total, une société rongée par la pauvreté ; les magasins sont vides, l'alcoolisme est ravageur, la corruption gangrène toute la nomenklatura. Les dissidents ne peuvent plus être masqués à l'opinion mondiale ; Soljenitsyne, Sakharov dénoncent le système qui broie impitoyablement les hommes. Et, l'URSS, puissance nucléaire, prend de plein fouet la terrible catastrophe de Tchernobyl en 1986.

L'armée qui continue de défiler avec ses missiles et ses chars chaque 1er mai avec faste sous les murs du Kremlin doit une partie de son fonctionnement et de ses pièces détachées à des sous-traitants en Europe et en Asie. Et puis cette armée se bat depuis 1979 en Afghanistan, une guerre implacable avec un matériel inadapté face à une guérilla islamiste très largement aidée et armée par les Américains et les Saoudiens. Le moral des troupes est au plus bas.

Gorbatchev colmate les brèches de toutes parts, retire ses troupes d'Afghanistan, lance la Perestroïka, la Glasnost. Il mène une course contre la montre, sous le regard des durs du régime qui guettent ses faux pas.

Dans ses discours d'ouverture, il ne cesse de répéter : « Il faut respecter les minorités, le changement se fera sur la base de la démocratie ; plus d'interventions militaires, chaque pays est libre de choisir son régime, plus de chars pour mater les rébellions des pays satellitaires. »

Il est persuadé que de ces pays du pacte de Varsovie viendra le vent des réformes qui l'aidera à imposer les siennes au Kremlin.

Le porteur d'espoir

Dans sa stratégie globale, Gorbatchev reste méfiant à l'égard des Allemands. Il n'est pas germanophile. Les Allemands de l'Est l'inquiètent, surtout Honecker qu'il déteste ; il représente la rigidité d'un homme qui ne voit pas l'évolution de la société soviétique et qui lui donne des leçons de marxisme. Des journaux russes dont le fameux *Sputnik* sont frappés de censure à Berlin, jugés trop libéraux. Dans ce délicat équilibre d'ouverture, le PC de l'Allemagne de l'Est est un véritable danger. Jusqu'où Honecker peut-il aller ? Quelle est la solidité de son régime ? Son armée est puissante, la police politique bien faite... Ces Allemands sont souvent imprévisibles, mais le régime de Pankow reste le grand frère ; près de 400 000 soldats soviétiques stationnent en RDA et Gorbatchev saura attendre le bon moment.

En revanche, la Pologne évolue avec son accord. Les Hongrois ouvrent leurs frontières vers l'Autriche. Encouragée par ces signes, la rue allemande s'agite ; Gorbatchev prévient Honecker : les troupes russes n'interviendront pas.

Le 7 octobre 1989, pour le 40e anniversaire de la RDA, Honecker a préparé des manifestations grandioses à Berlin pour montrer au grand frère la vraie voie du communisme. Le peuple est là, mais il hurle : « *Gorbi hilf uns* » (« Gorbi, aide-nous »), « *Freiheit* » (« liberté »), « *Wir sind das Volk* » (« nous sommes le peuple »).

Gorbatchev est acclamé, c'est un affront pour Honecker. Son sort est réglé quelques heures plus tard lors d'une réunion du PC où Gorbatchev lui donne l'estocade et déclare : « La vie punit celui qui arrive trop tard. » Il sonne ainsi la destitution de Honecker et encourage les libéraux à prendre le pouvoir.

Mais une fois de plus l'Histoire va trop vite, le Mur de Berlin, contre toute attente, tombe le 9 novembre et, enchaînement invraisemblable, on va à pas de géant vers la réunification. Kohl brûle les étapes, il annonce le 28 novembre 1989 son plan en 10 points pour la réunification. Pourquoi cette précipitation ? Même son ministre des Affaires étrangères, Genscher, n'est pas au courant de ce plan. Mitterrand non plus, qu'il a pourtant rencontré quelques jours auparavant. L'Allemagne va trop vite.

Selon Andrei Gratchev[1], ancien collaborateur de Gorbatchev, et c'est là une révélation : « Ce sont les libéraux, voyant les durs reprendre une place prépondérante à Moscou, qui ont manigancé un scénario tortueux aux conséquences imprévisibles. » Valentin Faline, l'un des secrétaires du Comité central, croit en l'idée de la confédération pour sauver la RDA : un sursis d'au moins dix ans avant la réunification qu'il voit venir d'une manière inéluctable. Écarté, il n'arrive plus à accéder à Gorbatchev. Dans cette pagaille politique et diplomatique incontrôlable, Faline, raconte Andreï Gratchev, décide de sa propre initiative d'envoyer un émissaire à Kohl avec un programme en 10 points et le mot « confédération ». Nicolaï Portugalov, spécialiste de l'Allemagne au bureau politique, fera un voyage secret à Bonn pour rencontrer Horst Teltschik, res-

1. Andreï Gratchev, ancien conseiller de Mikhaïl Gorbatchev, est aujourd'hui président du comité scientifique du Forum mondial pour la nouvelle politique, dont Gorbatchev est l'initiateur. Après *Le Mystère Gorbatchev* aux Éditions du Rocher (2001), son dernier ouvrage *Gorbatchev's Gamble* (First éditions, 2008), révèle des éléments encore inédits sur cette période des relations Est-Ouest et de la fin de la guerre froide.

ponsable de la politique extérieure et de la sécurité à la chancellerie. Recevant cette suggestion, Kohl estime qu'il s'agit d'un message secret officiel et que si les Russes en sont déjà là, il peut pousser le bouchon un peu plus loin et changer le mot « confédération » par « réunification ». Kohl présente le 28 novembre 1989 ce qui est devenu son programme devant le Bundestag où il est approuvé.

> Gorbatchev, poursuit Andrei Gratchev, est fou de rage. Il croyait qu'après son voyage en Allemagne fédérale en juin 1989 et avoir passé l'éponge sur les propos de Kohl à son égard en 1986 le traitant de Goebbels, leurs relations seraient plus sereines. Chevardnadze, son ministre des Affaires étrangères, se fait son porte-voix utilisant les mots de *« Blitz Unification »* et de « Diktat ». Recevant Genscher, il lui dit : « Même Hitler n'aurait pas osé, les revanchards relèvent la tête en Allemagne. »

À Moscou, l'ambassadeur français Mérillon doit préparer rapidement une rencontre entre Mitterrand et Gorbatchev, loin des pressions du Kremlin. « Avec les Allemands de l'Ouest et de l'Est, nous parlions de tout mais jamais de "réunification" ; c'était un mot banni. Cela pouvait tourner au vinaigre, nous étions très inquiets et craignons une purge interne au Kremlin, les choses s'emballaient. »

La rencontre aura lieu à Kiev en Ukraine, le 7 décembre.

Les conditions météorologiques sont très mauvaises, brouillard, neige. L'avion de Mitterrand prend du retard, Gorbatchev l'attend sur la piste. Il fait froid, Mitterrand est fatigué ; cela se lit sur son visage, mais il reste maître de lui. Il a troqué son chapeau pour une chapka, mais en descendant de l'appareil, il la met à l'envers, ce qui fait rire Gorbatchev, l'atmosphère est détendue mais l'on doit se dire des choses graves.

> Nous avions l'impression que tout foutait le camp, dit Jean-Marie-Mérillon, que Gorbatchev voulait donner un coup de frein, arrêter le processus sinon il risquait d'être emporté comme un fétu de paille. La vision de Mitterrand était simple : rester prudent tout en soutenant Gorbi, la situation était irréversible et celui qui était le plus capable de tenir les rênes était Gorbatchev. Mitterrand avait toujours à l'esprit ce qu'il avait déjà déclaré : « Aux Allemands de choisir », même si la situation actuelle n'était pas des plus réjouissantes.

Une révolution sans effusion de sang

Gorbatchev comptait sur Mitterrand, ancien prisonnier de guerre en Thuringe, pour faire bloc avec Margaret Thatcher et George Bush afin de tenter une opération de diversion : refuser la réunification et proposer la confédération entre les deux Allemagne. À Moscou, les généraux disaient : « La confédération pourquoi pas, l'Anschluss non ! »

Après ces moments de fureur, Gorbatchev comprend que la marche incontrôlable de l'Histoire lui a encore joué un tour. Ce n'est qu'à la fin du mois de janvier qu'il change de langage. Il comprend qu'il va entrer dans un jeu serré : négocier dur les aspects politiques et faire payer financièrement très cher l'Allemagne, mais aussi l'Union européenne. Il faut quelques mois de négociation pour en arriver au 16 juillet 1990 et à la rencontre Kohl-Gorbatchev en URSS.

Télégramme diplomatique n° 4894 à destination de Paris, 17 juillet 1990 : « M. Gorbatchev a sur l'Allemagne choisi l'ouverture, la compréhension et de son point de vue l'audace. Il vient d'effectuer dans le cadre de sa rencontre avec le chancelier un pas décisif... », signé Mérillon, ambassadeur de France à Moscou.

L'Allemagne payera 13 milliards de DM pour l'évacuation des troupes soviétiques d'Allemagne de l'Est, Gorbatchev en réclamait au début de la négociation 36, l'Allemagne devait également accorder un crédit sans intérêts de 3 milliards de DM, elle fournira une aide alimentaire importante à la Russie en 1991 et 1992.

De son côté, le Conseil européen de Rome des 14 et 15 décembre 1990, sous présidence italienne, énonce les conclusions sur son aide : 750 millions d'écus pour l'aide alimentaire et sanitaire urgente ; 400 millions d'écus en 1991 pour une assistance technique, à l'administration, la gestion publique et privée, l'énergie, les transports. En ce qui concerne la Banque européenne pour la reconstruction et le développement (BERD), créée en 1991, le Conseil souhaite que soient examinées des dispositions pour permettre l'octroi de prêts à l'URSS dans tous les secteurs.

Mais Gorbatchev joue toujours contre le temps qui va trop vite, son calendrier est bouleversé en permanence et pourtant il a fait l'Histoire ; elle ne lui en sera pas reconnaissante.

Le 19 août 1991, coup d'État contre Gorbatchev alors qu'il se trouve en vacances en Crimée. Ce coup d'État échoue, mais Gorbatchev est obligé de démissionner.

La fin de L'URSS suit.

Pour Gorbatchev, son bilan qu'un journaliste lui demande de dresser claque en trois points : « Six ans de pouvoir : la fin de l'URSS, une nouvelle Europe, pas une goutte de sang versée. »

Gérard Sebag

5. LA TROUBLANTE POSITION FRANÇAISE. INTERVIEW DE ROLAND DUMAS

ANITA HAUSSER : Après la chute du Mur, comment la question de la réunification s'est-elle posée ?

ROLAND DUMAS : L'un des grands problèmes posé par la réunification, c'était le respect des frontières issues de la guerre : les Allemands éludaient toujours le problème car la frontière Oder-Neisse incluait le rattachement d'une partie de l'Allemagne à la Pologne, ce qui créait des difficultés énormes en Allemagne de l'Est. Et c'était l'objet de la controverse depuis quinze-vingt ans : est-ce que l'Allemagne reconnaîtra la frontière Oder-Neisse, c'est-à-dire les frontières issues de la guerre ? Les choses resteront-elles comme cela ou est-ce que l'Allemagne reprendrait sa politique danubienne et revendiquerait les territoires, ce qui aurait créé une source de conflit possible ?

François Mitterrand insistait tout le temps pour qu'on fixe les choses et Helmut Kohl refusait. Je me souviens d'un échange entre eux après un dîner à l'Élysée dans les années 1985-1986 au cours duquel ils en sont venus à échanger des paroles acerbes sur la reconnaissance, Kohl disant « Mais nous ferons cela quand l'Allemagne sera unifiée » et François Mitterrand répondant « Oui, mais je veux que l'Allemagne occidentale reconnaisse la frontière Oder-Neisse, dès à présent ! »

C'était un dialogue de sourds. À mon avis, il n'y avait pas d'arrière-pensée de la part des Allemands, mais simplement un calcul électoral parce que la Bavière, très conservatrice et chrétienne, était farouchement opposée à cette reconnaissance. Kohl avait peur de perdre les voix catholiques en Allemagne s'il disait qu'il reconnaissait la frontière Oder-Neisse. En termes de politique extérieure, cela a créé la confusion entre la France et l'Allemagne et, sur le plan de la politique intérieure française, certains ont pu dire : « La France refuse la réunification de l'Allemagne alors que cette question de frontière est simplement un problème secondaire. »

François Mitterrand était-il obsédé par cette question ?

Il était obsédé par « l'Europe des tribus » ; il estimait que si on remettait cette frontière en question, on mettrait le germe dans le fruit et on aurait des querelles sans fin à propos des frontières. On ne pouvait pas repartir sur une construction de l'Europe dans ces conditions.

Du reste, Hans-Dietrich Genscher, le ministre des Affaires étrangères de Kohl, dont la femme était originaire de Poméranie, était tout à fait sur notre ligne. Il me sollicitait pour que Mitterrand en parle à Kohl afin que ce dernier cède. Ces revendications qui étaient fortes ont aujourd'hui complètement disparu !

Que s'est-il passé une fois que le Mur est tombé ?

D'abord, le jour de l'ouverture du Mur, nous étions partis le matin pour Copenhague ; nous étions en tournée européenne car la France présidait l'Union européenne à ce moment-là. La nouvelle de l'ouverture est tombée dans la soirée, et nous avons regagné Paris tard dans la nuit.

Le lendemain matin, j'ai fait des déclarations en saluant un « événement heureux », en disant qu'il s'agissait d'une manifestation de liberté, mais qu'il fallait se montrer prudent, réfléchir. Dans la journée du lendemain, la démolition du Mur était en route ! C'était surréaliste : il n'y a pas eu de morts, pas de résistance malgré quelques velléités en provenance de l'Est car ordres et contre-ordres se succédaient en provenance de Moscou.

Le lendemain, le 11 novembre, François Mitterrand a appelé Mikhaïl Gorbatchev. En l'absence de l'interprète du Quai d'Orsay, c'est moi qui ai rempli cet office. Nous avions très peur qu'il fasse intervenir ses divisions soviétiques basées en RDA. Gorbatchev a dit à François Mitterrand en substance : « C'est un événement très important, mais il faut faire attention à ce que cela ne dégénère pas. »

Ensuite, il y a eu les événements que vous connaissez : la proposition en 10 points de Kohl pour la réunification qui a fait long feu, le sommet européen de Strasbourg, où les Douze acceptaient le droit à l'autodétermination du Peuple allemand, et la perspective d'intégration européenne pour l'Allemagne orientale, puis tout le processus qui a mené au 3 octobre 1990, jour où la RDA a cessé d'exister... La réunification a coûté une fortune, mais c'était le prix à payer ; les Allemands ont été courageux !

Comment expliquez-vous qu'il n'y ait pas eu de répression, que Gorbatchev n'ait pas bougé ?

Je pense qu'il avait depuis longtemps pris son parti de l'éclatement de l'URSS, depuis son arrivée au pouvoir en 1985. Lors de son voyage en RDA, en octobre 1989, il avait embrassé Honecker sur la bouche, mais il avait déclaré que : « Celui qui arrive trop tard, la vie le punit. » Il est sûr, que sans Gorbatchev, pendant cette période, rien n'aurait été possible...

Et les Américains, comment se comportaient-ils ?

Ils sont restés spectateurs. Ils n'avaient qu'une préoccupation qu'ils exprimaient dans chaque communiqué : l'armée allemande. Il fallait chaque fois faire mention de l'armée européenne dans l'Alliance atlantique. Ils avaient de la suite dans les idées... Baker, le secrétaire d'État américain, précisait : « Assurez-vous bien que les conditions posées pour l'armistice seront respectées », autrement dit que l'Allemagne n'aura pas l'arme atomique !

Pourquoi François Mitterrand a-t-il effectué ce voyage en RDA fin décembre 1989 ?

Ce voyage en Allemagne de l'Est était programmé de longue date et avait été reporté trois fois à cause des changements de gouvernements. François Mitterrand a téléphoné à Helmut Kohl et lui a expliqué la situation : « Nous sommes invités pour la troisième fois, je ne peux pas remettre » ; Kohl lui a répondu : « Il faut y aller ». De mon côté, j'ai appelé Genscher, qui était originaire de l'Est et qui m'a également vivement encouragé : « Il faut y aller, il y a des choses à voir, à comprendre. » Il m'avait notamment parlé des casernes de l'armée soviétique en RDA avec ces mots : « Vous n'oseriez même pas y mettre votre porcherie. »

Sur place, François Mitterrand a rencontré tous les hommes politiques est-allemands, dont le chef du parti communiste qui a fondé le parti socialiste est-allemand par la suite, Gregor Gysi. Il a conversé pendant deux heures avec lui pour savoir exactement ce qui se passait. Pour nous, c'était un voyage d'information, mais il a pris une tournure exceptionnelle à cause de la suite des événements. En tout cas, cela n'a pas été un voyage inutile, même si nous avons signé des traités, un traité commercial notamment, sans portée.

Mais ce voyage vous a été beaucoup reproché !

Ce voyage n'a pas du tout été brocardé en Allemagne. Cela a été bien expliqué dans les livres allemands par la suite, mais c'est devenu un problème franco-français ; l'opposition et notamment Valéry Giscard d'Estaing, nous ont reproché d'être allés dans un pays déliquescent, moribond.

Vous pensez donc toujours que François Mitterrand n'était pas hostile à l'unification, comme certains, et notamment Jacques Delors, le laissent entendre ?

C'était une habileté de sa part de le laisser croire parce qu'il présidait l'Union. C'est l'Angleterre et singulièrement Margaret Thatcher qui y était tout à fait hostile. Comme il y avait conflit entre Kohl et Thatcher, le rôle de François Mitterrand consistait à essayer d'arbitrer et de rapprocher des points de vue très éloignés l'un de l'autre. Là encore les archives le prouvent.

Delors était plus intégrationniste que François Mitterrand ; on en a eu un autre exemple au moment de la négociation du Traité de Maastricht, où les Luxembourgeois ont fait une proposition qui en réalité était inspirée par Delors. Les Luxembourgeois ont été battus lors d'un premier vote et on est revenu à notre projet. J'étais convaincu que si on allait au-delà de notre proposition, nous n'aurions pas gagné le référendum en France. Les Français n'étaient pas mûrs pour l'abandon total de souveraineté. En revanche, en prenant une solution médiane, nous étions sûrs d'avoir l'assentiment d'une partie des gaullistes. Chirac avait dit en confidence à Helmut Kohl qu'il voterait « oui », et Kohl me l'avait répété. Mitterrand doutait, puis il m'a fait cette réflexion : « Vous avez raison, celui qui se prononcera contre la ratification, ne sera jamais président de la République ». C'est alors que nous avons engagé la procédure de référendum.

Propos recueillis par Anita Hausser

6. RETOUR VINGT ANS EN ARRIÈRE. TÉMOIGNAGES DE SYLKE FREUDENTHAL (BERLIN-EST) ET DE PAMELA STENZEL (BERLIN-OUEST)

Sylke Freudenthal et Pamela Stenzel, nées toutes deux à Berlin à la fin des années 1960 – la première à l'Est, la seconde à l'Ouest – ont accepté de se livrer à un travail de mémoire, en se remémorant l'état d'esprit dans lequel elles étaient au moment de la chute du Mur, le 9 novembre 1989.

Qu'allait-il se passer ? Qu'allait devenir l'Est ? Quelle organisation allait naître entre ces deux États qui ne se connaissaient guère ? Comment les retrouvailles allaient-elles se dérouler ? Ce dialogue, elles ne l'avaient en fait encore jamais mené, bien qu'elles se connaissent parfaitement depuis une dizaine d'années déjà et se rencontrent régulièrement dans des cercles professionnels comme il en existe tant dans la capitale allemande.

Après des études de journalisme et d'économie à Leipzig, Sylke Freudenthal s'est dirigée vers la communication d'entreprise. Pamela Stenzel a étudié le droit à la Freie Universität de

Berlin. Elle est maintenant consultante en stratégie d'entreprise dans la capitale allemande et accompagne de nombreux projets d'affaires dans l'univers franco-allemand.

PIERRE JANIN : quel était votre état d'esprit avant la chute du Mur ?

SYLKE FREUDENTHAL : j'ai passé mon enfance à dix kilomètres du centre de Berlin-Est et n'étais pas du tout confrontée au Mur dans mon quotidien. Avec mes parents, nous partions en vacances dans les pays de l'Europe de l'Est. Nous n'avions pas de famille à l'Ouest, n'y étions d'ailleurs jamais allés et cela ne nous manquait pas véritablement. Il ne faut pas l'oublier : c'était une période de confrontation. La guerre froide, le plan Marshall pour l'Allemagne de l'Ouest, des monnaies différentes, l'appartenance à deux organisations militaires opposées, la course aux armements... Berlin se situait au centre de deux systèmes idéologiques adversaires ! Certes nous pouvions regarder les informations de l'Ouest à la télévision qui étaient d'ailleurs systématiquement contrées sur la chaîne d'État de la RDA dans une émission qui s'appelait le Canal noir. Je n'avais pas du tout l'impression de vivre dans un carcan. J'ai eu une enfance très heureuse. J'ai apprécié les vives discussions politiques à l'école. J'ai voulu changer le monde, en faire un lieu de paix et de solidarité. Mais je me souviens qu'un jour, alors que je rédigeais un article sur « New York, a city of contrasts », on m'empêchait en même temps d'y aller. C'est vrai que plus tard je me suis dit que j'aurais dû un peu plus ouvrir les yeux.

PAMELA STENZEL : La situation de ma famille divisée a pesé sur toute ma jeunesse. Après la guerre, mes grands-parents étaient restés à Berlin-Est. Ils vivaient d'ailleurs tout près de la Bornholmerstrasse, le fameux point de passage, le premier à avoir été ouvert dans la nuit du 9 novembre. Du temps du Mur, nous n'avions pas le droit d'aller les voir comme nous le voulions. Pour y parvenir, il a fallu nous faire faire une carte d'identité avec une fausse adresse à Cologne. Les Allemands de l'Ouest avaient en effet le droit d'aller à Berlin-Est. Pas les Berlinois de l'Ouest. C'était compliqué. Il fallait des autorisations. Le passage de la frontière Ouest-Est était traumatisant : des heures d'attente... Une fois, cela a duré treize heures. Des militaires partout. Mais il y a eu des moments heureux dont je me souviens : la découverte du pain russe, d'un dessert typique, la Rote Grütze, une sorte de compote de fruits rouges à la vanille de la marque Komet, autant de goûts inoubliables de mon enfance. J'aimais bien aussi quand je regardais certaines émissions de télé de la RDA comme Willy Schwabes Rumpelkammer. Et puis pour nous qui venions de l'Ouest, la découverte du célèbre Ampelmännchen, le personnage des feux tricolores qui n'a heureusement pas disparu.

S. F. : Il est devenu évident que le régime était moribond. Au début de l'année 1990, il y a eu à l'université de Leipzig des réunions où nous discutions de l'avenir de l'Allemagne. J'ai participé à beaucoup d'entre elles. La fameuse période des tables rondes soulevait beaucoup d'enthousiasme dans toute l'Allemagne de l'Est. Évidemment lorsque nous avons compris que cela n'allait servir à rien, que l'unification allait se faire à partir du plan mis au point à Bonn, nous avons été déçus. Après il y a eu un moment particulier dans ma vie. J'avais envie de découvrir la France dont j'avais depuis peu appris la langue. Mon père m'a alors révélé, ce qui était un secret de famille, que son vrai père était un ancien prisonnier de guerre français. J'ai pris contact avec ces lointains parents inconnus et suis allée leur rendre visite. Lorsque la porte s'est ouverte, j'ai eu un choc. La dame, ma tante française, c'était le portrait de mon père tout craché. Je suis toujours en relation avec eux... Cette période a au moins élargi ma famille au-delà du Rhin.

P. S. : Grâce à mes études de droit, j'ai vécu des événements passionnants. Au printemps 1990, j'ai fait partie d'un groupe de juristes auprès du Sénat de Berlin qui a travaillé sur des sujets concrets : comment Berlin pouvait redevenir la capitale du pays ou évaluer le projet d'une constitution propre à Berlin-Est. Il y avait tant de nouvelles réglementations à créer pour unifier des systèmes économiques et politiques si différents que nous découvrions. On participait à l'histoire. Nous étions très intéressés par la perspective des élections libres à l'Est le 18 mars 1990. Ce jour-là, je suis même allée au dépouillement, par intérêt personnel. On ressentait la fierté de la découverte de la démocratie. Mais je suis restée méfiante. Mon frère a repris l'appartement de mes grands-parents à l'Est. Moi j'ai préféré rester à Berlin-Ouest. Actuellement, j'ai deux bureaux. L'un est en plein Est, sur l'Alexanderplatz. Inimaginable !

« Ossis », « Wessis », *« le Mur existe toujours dans les têtes »... Ces expressions ont-elles pour vous toujours un sens ? Ou n'y a-t-il plus que des Berlinois, des Allemands tout court ?*

S. F. : À Berlin il est simple de vivre la réunification. C'est une ville qui bouge, qui intègre des gens des quatre coins du monde, qui fait oublier les différences entre Est et Ouest. *Ossis, Wessis*, ce sont des concepts presque oubliés aujourd'hui.

P. S. : Bien sûr qu'il y a des différences, dans l'usage de la langue allemande par exemple. *Ossis, Wessis*, ce n'est pas négatif. Mais en vingt ans Berlin a changé, l'Allemagne a changé.

Où en êtes-vous vingt ans après ?

S. F. : En résumé, la réunification était une chance extraordinaire, surtout pour notre génération. Le monde s'est ouvert pour nous. En revanche, cela a un prix : des contraintes économiques ont remplacé des contraintes idéologiques. Nous avons vécu des changements impressionnants. Nous ne sommes pas encore au bout.

P. S. : Depuis vingt ans nous n'avons sans doute pas assez dialogué. Mais ce qui s'est passé, la réunification de notre pays, n'était pas prévisible. Au cours de l'année 1990, il y a eu un dynamisme incroyable avec des événements inimaginables qui ont rendu nécessaires des mesures politiques immédiates, dont on ne pouvait pas toujours réfléchir aux conséquences. Il est facile, vingt ans après, de dire « on aurait dû »...

Propos recueillis par Pierre Janin

7. LE JOUR OÙ LE DM A PASSÉ L'ELBE

Dimanche 20 juin 1948. Les Allemands résidant dans les trois zones d'occupation occidentales se pressent dans les banques des Länder pour échanger leurs Reichsmark contre de nouveaux billets imprimés aux États-Unis et répartis dans le pays par des camions de l'armée américaine : le Deutsche Mark est né. Avant la République fédérale. Avant l'État.

1er juillet 1990, un dimanche également. Les *Ossis* font la queue devant les 10 000 guichets installés sur tout le territoire de la RDA. Ils échangent leurs Ostmarks contre des Deutsche Mark spécialement imprimés les mois précédents et distribués dans les anciennes succursales de la Reichsbank par des véhicules de l'Armée populaire. L'unification monétaire précède la réunification étatique qui n'interviendra officiellement que le 3 octobre suivant. La monnaie, à nouveau comme fondement.

L'échange de 1948 avait été spoliateur pour les Allemands de l'Ouest appelés à acquitter la facture du nazisme : chaque habitant n'avait reçu que 60 DM contre ses Reichsmark et les dépôts avaient été dévalués de 94 % ! Celui de 1990 est plus généreux : la conversion se fait au taux de 1 pour 1 pour tous les revenus courants et pour les avoirs liquides ou en dépôts jusqu'à un plafond variable selon l'âge (4 000 marks pour un adulte, 2 000 pour un jeune de moins de 14 ans et 6 000 pour les plus de 60 ans). Le reste des avoirs est converti au taux de 1 DM pour 2 Ostmark.

Geste humain imposé aux responsables de la rigoureuse Bundesbank et aux citoyens de la RFA par le chancelier Helmut Kohl qui confiait à l'auteur de cet article en septembre 1991 :

> Je n'aurai de cesse de faire entrer l'esprit de solidarité dans la tête de mes compatriotes. Imaginez le destin d'un Allemand de Francfort-sur-l'Oder qui a passé toute sa vie sous le régime nazi puis communiste : trouvez-vous normal qu'il ait aujourd'hui une retraite dix fois inférieure à celle de son compatriote qui a eu la chance de naître à Francfort-sur-le-Main ? Moi non !

Au moins, il faut sauvegarder les économies amassées au temps de la RDA.

Geste politique également : en déclarant dès le 6 février 1990 que « le gouvernement ouest-allemand est prêt à commencer immédiatement des négociations avec l'Allemagne de l'Est sur une union monétaire », Helmut Kohl sait qu'il fait franchir au processus de réunification un pas irrémédiable. Il connaît le prestige que le DM a auprès des *Ossis*. Comment le gouvernement est-allemand pourrait-il refuser cette négociation ? Et comment les grandes puissances qui, à cette date, n'ont pas encore donné leur feu vert à la réunification, pourraient-elles affronter l'opinion publique est- et ouest-allemande et revenir sur le fait accompli que constituerait une union monétaire ? D'autant que, très habilement, le chancelier a fait cette déclaration à la veille de sa rencontre avec les dirigeants soviétiques peu soucieux de venir en aide à une RDA moribonde et très désireuse d'obtenir des crédits d'une RFA aux caisses pleines. Toujours la puissance du DM.

Geste nécessaire enfin : au cours des quatre mois qui ont suivi la chute du Mur, plus de 300 000 Ossis sont partis s'installer à l'Ouest. À ce rythme, l'Allemagne de l'Est risque de se vider de sa population, et notamment des jeunes alors que, à l'Ouest, les syndicats commencent à s'inquiéter de cette main-d'œuvre concurrente qui pèse sur les salaires. D'où le thème souvent repris à Bonn : « Si nous voulons empêcher que les gens de Leipzig n'aillent vers le mark, il faut que le mark aille à eux. »

Face à de tels enjeux, que pouvaient peser les mises en garde de la Bundesbank et de son président Karl-Otto Poehl ? Un président d'ailleurs humilié et affaibli : le chancelier a négligé de le prévenir de sa déclaration du 6 février. Ce qui est énorme. Et malheureux hasard : rencontrant le même jour à Berlin son homologue d'Allemagne de l'Est, Poehl avait écarté toute idée d'une union monétaire inter-allemande, estimant qu'il « serait prématuré actuellement d'envisager une mesure aussi importante ». Il tentera ensuite de peser sur les modalités, proposant notamment une parité de compromis avec un taux de change de 2 Ostmark pour 1 DM. Mais Kohl ne veut rien entendre et déclare même devant les responsables de la CDU : « À l'heure où le pays se trouve face à son destin, obéir à des peurs financières constituerait une démission face à l'Histoire. » Il ne reste à la Bundesbank qu'à s'incliner, tout en dégageant sa responsabilité d'une mesure qu'elle juge ouvertement prématurée et dangereuse.

Les conséquences en Allemagne du changement de monnaie

Économiquement parlant, les craintes de la Bundesbank se sont avérées fondées. Le taux de conversion, favorable pour les ménages, se révèle rapidement catastrophique pour les entreprises. D'un côté, elles perdent leurs clients à l'est de l'Europe et en Russie, incapables de payer en devises fortes et, de l'autre, elles doivent se lancer sur le marché national et international avec un mark réévalué de 300 à 400 %. Dans son livre *Die sieben Todsünden der Vereinigung* (« Les Sept Péchés capitaux de l'unification ») paru en 1993 (Berlin, Siedler), l'économiste Wilhelm Hankel voit le premier péché dans le taux de conversion adopté qui a fortement réévalué l'Ostmark alors qu'il aurait fallu le dévaluer pour rendre l'économie locale plus concurrentielle. Toujours selon Hankel, le deuxième « péché » fut la privatisation trop rapide du « patrimoine du peuple ». Privatisation qui fut loin de rapporter les recettes espérées et qui ne permit pas de verser les 60 milliards de marks promis aux épargnants en dédommagement des pertes subies lors de l'union monétaire.

En fait, tout le monde s'était trompé sur l'état réel de l'appareil de production est-allemand, ministres, banquiers et économistes. À force de lire et de dire que la RDA était la dixième économie mondiale, ils avaient fini par y croire. La *Frankfurter Allgemeine Zeitung* écrivait en août 1989, à la veille de la chute du Mur :

> L'État est-allemand est la deuxième puissance économique et militaire de l'Est. Et l'URSS ne la devance sur ces deux terrains que grâce à la taille incomparable de son territoire et le nombre de ses habitants. Dans le camp soviétique, la RDA dispose de l'industrie, de l'agriculture la plus moderne et du meilleur réseau de communication.

Au royaume des aveugles, les borgnes sont rois. Et à l'automne, l'économiste français Ivan Samson vantait la gestion des combinats est-allemands qui « sont organisés sous une forme très proche des groupes industriels occidentaux » et dont « certains sont même dirigés par de véritables entrepreneurs dont le management fait l'admiration des Allemands de l'Ouest ». La réévaluation de fait de l'Ostmark ne fit bien sûr qu'éclater au grand jour cette surestimation du potentiel est-allemand et on assista à un effondrement de l'économie du pays d'une rapidité et d'une ampleur quasi uniques dans l'histoire :

> Le fait est que l'ex-RDA a traversé ce qui pourrait bien être à ce jour le processus de désindustrialisation le plus rapide et le plus intense de toute l'Histoire avec, en l'espace d'à peine trois ans, la disparition des deux tiers de ses emplois industriels et un recul de sa production industrielle de 70 %[1].

Cet effondrement n'arrange pas le gouvernement de Bonn qui consentit un effort budgétaire sans précédent en faveur de l'ex-RDA : près de 100 milliards de DM pour la seule année 1990 et plus encore l'année suivante. Il est vrai que ces sommes ne corrigent pas seulement les effets pervers de l'unification monétaire, elles répondent à des exigences sociales et à des besoins d'investissements publics pressants. C'est tout un pays qu'il faut remettre à niveau. Les contribuables ouest-allemands sont sollicités : dès 1991, les taxes sur le carburant, les assurances et le tabac sont relevées tandis que l'impôt sur le revenu est majoré de 7,5 %. Mais ces majorations fiscales sont loin de suffire et la belle rigueur financière qui avait fait la réputation des gouvernements allemands depuis la guerre semble oubliée. Seule ou presque, la Bundesbank veille au

1. Rémy Lallement, in *Futuribles*, septembre 1994.

grain. Soucieuse de contrecarrer une surchauffe due à l'accroissement brutal de 16 % de la masse monétaire et au relâchement de la discipline budgétaire, elle adopte une politique d'argent cher et augmente ses taux d'intérêt autant que nécessaire.

Les conséquences européennes du changement de devise

Le problème est que l'impact de l'unification monétaire allemande ne peut être une affaire purement nationale. Le rôle européen et mondial du DM est trop important pour que l'absorption de l'Ostmark se fasse sans effets sur l'extérieur. Même après avoir absorbé la banque centrale est-allemande, la Bundesbank n'est pas seule. Dans le cadre du système monétaire européen, elle est liée à ses partenaires européens dont la Banque de France. Ce qui place les banques centrales européennes devant un dilemme : soit elles ne suivent pas la politique de taux d'intérêt de la Bundesbank, mais leurs monnaies décrochent du DM ; soit elles suivent, mais au risque de ralentir la croissance de leurs économies et d'importer du chômage. Il y a bien une troisième solution : une réévaluation unilatérale du Mark. L'Allemagne y est disposée afin de limiter la contagion de l'argent cher dans les autres pays, mais Paris s'y oppose au nom de la crédibilité du franc fort. Et le gouvernement demande à la Banque de France de coller à la politique d'argent cher de la Bundesbank. Au risque de voir l'économie française souffrir de taux arbitrairement élevés liés à la réunification allemande.

Autre effet collatéral de cette réunification, mais positif celui-ci : de cet événement historique vont naître l'union monétaire européenne et l'euro. Les dirigeants européens, François Mitterrand en tête, ont tiré des conditions de la fusion du DM et de l'Ostmark une leçon : lorsque l'avenir de l'Allemagne est en jeu, la sacro-sainte indépendance de la Bundesbank passe au second plan. Ils sauront le rappeler à Helmut Kohl à Maastricht. Le chancelier allemand répète que « unification allemande et unité européenne sont les deux faces d'une même médaille ». Et bien, la monnaie sera la passerelle pour passer de l'une à l'autre. Étonnant détour de l'Histoire : à peine a-t-il absorbé l'Ostmark que le Deutsche Mark se fond dans l'euro.

Georges Valance

8. LES PRIVATISATIONS EN ALLEMAGNE ORIENTALE

Le contexte juridique des privatisations

Dès la chute du Mur de Berlin en 1989 et plus encore après la réunification des deux Allemagne, s'était posée la question de la reconstruction de l'économie est-allemande. Le nécessaire retour à l'économie de marché des entreprises de l'ex-RDA avait été assuré par un organisme, la Treuhandanstalt (THA), chargée de privatiser des sociétés. Cet organisme avait été créé par une instruction du 1er mars 1990 et sa fonction résultait d'une loi du 17 juin 1990 (« *Treuhandgesetz* »). Le but de la THA avait été d'assainir les entreprises d'État et d'accompagner la transformation de celles-ci en sociétés anonymes (Aktiengesellschaft – AG) ou, pour la plupart d'entre elles, en sociétés à responsabilité limitée (GmbH), de procéder à la liquidation de celles dont l'adaptation à un marché concurrentiel apparaissait impossible, et finalement de privatiser les autres.

Les investisseurs intéressés par l'acquisition d'une des sociétés privatisables avaient donc comme interlocuteur unique la THA.

Celle-ci avait imposé aux acquéreurs un certain nombre de conditions visant notamment à assurer un minimum d'emplois dans les entreprises concernées ainsi que le montant des investissements futurs.

Compte tenu des obligations que lui imposait la loi, et notamment celle de prendre toute mesure utile pour maintenir l'emploi et assurer les investissements privés sur le long terme, la THA n'avait jamais véritablement de grande liberté d'action dans le cadre de ses négociations avec les acquéreurs potentiels. La THA avait pour l'essentiel procédé à la vente de parts de sociétés et elle pouvait, dans de nombreux cas, vendre les actifs de sociétés dont elle avait procédé au préalable à la liquidation. Pour l'acquisition de parts de sociétés ou d'immobiliers l'investisseur devait, dès l'origine, s'assurer auprès des administrations locales que ces biens ne faisaient l'objet d'aucune demande de restitution.

La question des restitutions

Une parenthèse importante doit ici être ouverte. Le traité d'unification de l'Allemagne (« *Einigungsvertrag* ») du 31 août 1990 ainsi qu'antérieurement la déclaration commune (« *Gemeinsame Erklärung* ») du 15 juin 1990 avaient été les premiers textes à prévoir le droit à revendication par d'anciens propriétaires dessaisis pour des motifs variables entre 1933 et 1989. Une loi votée le 29 septembre 1990 (« *Vermögensgesetz* »), modifiée à différentes reprises (dernièrement fin 1993), avait précisé les modalités de revendication et de restitution de biens tant mobiliers qu'immobiliers. Ainsi, d'anciens propriétaires ou leurs ayants droit pouvaient, avant le 31 décembre 1992, sous certaines conditions, demander à recouvrer la propriété de biens pour lesquels ils avaient apporté la preuve tangible de leurs droits. En raison de l'urgence du rétablissement économique dans les nouveaux Länder, la « *Vermögensgesetz* » avait vu son champ d'application considérablement réduit : une loi dite de priorité des investissements (« *Investitionsvorranggesetz* ») regroupait ces nouvelles dispositions. Dès lors qu'une demande en restitution se trouvait en concurrence avec un projet d'investissement susceptible de créer des emplois ou de procurer de nouvelles habitations, elle risquait de ne plus aboutir. Le propriétaire qui se trouvait ainsi écarté pouvait toutefois demander le versement, soit de revenus retirés de l'exploitation du bien, soit d'une somme correspondant à la valeur du marché du bien. En règle générale, pour éviter toute complication due à une revendication ultérieure de propriété, l'acquéreur cherchait à se prémunir en obtenant de l'administration une attestation de priorité d'investissement (« *Investitionsvorrangbescheid* »).

La négociation avec la THA

Généralement, l'investisseur potentiel contactait en premier lieu la THA et lui faisait une proposition financière pour l'acquisition d'une entreprise. Cette offre devait contenir un premier descriptif des investissements futurs et de l'évolution de l'emploi. En règle générale, ces éléments d'investissement et d'emploi ont été plus largement pris en compte que la simple offre financière de départ. Les contrats conclus entre la THA et l'acquéreur ont presque tous été rédigés sur un même modèle. Toute négociation visant à s'écarter de ce contrat standard a quasiment toujours été impossible. En préambule du contrat, un document rappelait l'historique de la société privatisée. Le contrat lui-même précisait d'abord le prix convenu entre la THA et l'acquéreur. Outre le versement du prix, l'acquéreur devait prendre différents engagements. Les contrats conclus avec la THA avaient tout d'abord prévu, surtout lors des premières vagues de privatisation, une clause prévoyant à terme une revalorisation des biens immobiliers. En effet, dans les premiers temps qui avaient suivi la réunification, il était pratiquement impossible de donner à ces biens une valeur de marché. Par ailleurs, l'une des obligations essentielles de l'acheteur consistait en la garantie de maintien, sur une période de temps donnée, d'un minimum d'emplois. Tout aussi importante pour la THA était la clause dite d'investissement par laquelle l'organisme de privatisation s'assurait de la pérennité de l'action de l'investisseur.

Le non-respect de l'une ou l'autre de ces obligations était contractuellement sanctionné par des amendes parfois très élevées. La THA se réservait également le droit de reprendre une société privatisée à l'acquéreur. Par ailleurs, afin de favoriser les investissements à long terme, les contrats de privatisation prévoyaient en règle générale que toute plus-value réalisée par l'acquéreur au titre de la cession, directe ou indirecte, avant une date fixée contractuellement, de tout ou partie de l'entreprise devait être réservée à la THA.

Pamela Stenzel et François Hellio

9. RETOUR AU PRIVÉ

13 500 entreprises d'Allemagne de l'Est ont été privatisées ou assainies lors de la réunification. C'est un organisme public, composé de juristes et d'experts, la Treuhandanstalt, qui a été chargé d'en établir l'inventaire et d'en négocier l'acquisition avec des investisseurs étrangers. Pour la France, Air Liquide, Bouygues, Gaz de France, Elf ou la Compagnie générale des Eaux ont été au premier rang.

Récit de deux exemples symboliques : les mythiques studios de cinéma de Babelsberg et le réseau d'essence tenu par Minol.

Babelsberg 4e !

La chute du Mur entraînera le clap de fin des studios de Babelsberg. Installé depuis 1912 près de Berlin, au milieu de lacs et de forêts, l'Hollywood européen perd son statut de société de production cinématographique subventionnée par l'État. Plus personne ne s'intéresse à ces installations démodées, à ces

2 000 techniciens qui tuent leur ennui en jouant au football sur les pelouses ou en buvant de la bière. L'âge d'or serait presque oublié si des chefs-d'œuvre n'étaient là pour le rappeler : *L'Ange bleu* (1930) de Josef von Sternberg avec Marlène Dietrich, *Gueule d'amour* de Jean Grémillon avec Jean Gabin (1937), *L'Étrange Monsieur Victor* de Jean Grémillon avec Raimu (1937), *Metropolis* (1927), signé Fritz Lang. À la fin des années 1920, Babelsberg, par son gigantisme, par la qualité de ses infrastructures et sa technique d'avant-garde, est le lieu de tournage favori des grands artistes et réalisateurs. Le régime nazi provoque leur fuite vers les États-Unis. Mais pour les nazis, le film est un moyen de propagande essentiel ; et Goebbels, qui prend lui-même la direction des studios, sait que la propagande la plus efficace est celle qui n'est pas tout de suite reconnue en tant que telle. Ainsi il fait produire des films de divertissement qui détournent l'attention des Allemands d'une réalité de plus en plus horrifiante. On tourne presque jusqu'à la fin quand l'armée soviétique occupe des installations à peine endommagées. Très vite, celle-ci permet de nouveau la production de films et déjà en 1946 le premier film allemand d'après-guerre est tourné là-bas : *Les assassins sont parmi nous* de Wolfgang Staudte, avec la jeune Hildegard Knef, qui deviendra une des stars du cinéma ouest-allemand. Une nouvelle société de films est créée, la DEFA, qui deviendra après la création de la RDA sa seule société de production de films. On y tourne quelques films remarquables, notamment sous la direction de Konrad Wolf ou de Frank Beyer, et il y a mêmes quelques productions internationales, comme *Les Misérables* de Jean-Paul Le Chanois avec Jean Gabin, tourné en 1958. Mais globalement, la DEFA reste dans une niche sur le plan national et international. La tutelle d'un État autoritaire et la désaffection d'une grande partie du public, surtout des jeunes, rendent la vie difficile pour une production cinématographique qui profite d'énormes effectifs de personnel mais qui souffre, comme tout le pays, d'un

manque d'investissements et d'innovations. À la veille de la réunification, les travaux de rénovation sont évalués à des centaines de millions de marks. Seuls les promoteurs immobiliers lorgnent ce superbe terrain. Parmi eux, un Français, Les Maisons Phénix, filiale de la Compagnie générale des eaux. Le gouvernement Kohl se laisse convaincre par des cinéastes allemands – avec à leur tête Volker Schlöndorff – que livrer ces studios mythiques aux bulldozers « serait une catastrophe pour l'unification allemande ». Or la Générale des eaux souhaite se diversifier. Elle est déjà propriétaire des studios de Boulogne-Billancourt et possède des participations dans Canal +, la chaîne du cinéma. Elle est la seule à croire à une résurrection de Babelsberg. Les grands médias allemands se contentent amplement de leurs installations. Pour les Américains, c'est bien trop loin. La CGE remporte l'affaire. Pour une bouchée de pain.

Un homme entre alors en scène : un gestionnaire, fou de cinéma, Pierre Couveinhes, débauché par la CGE de chez Usinor-Sacilor. Il mènera les négociations pendant deux ans pour les boucler le 31 décembre 1992.

> On prenait un risque, raconte-t-il. Il fallait investir, être crédible, retrouver des clients et, pour obtenir rapidement des revenus, construire des petits immeubles. On s'engageait à garder 500 personnes. Les cadres, qui appartenaient à la Stasi, la police politique, ont vite dégagé et se sont évaporés dans la nature. Mais beaucoup d'autres étaient très professionnels et savaient tout faire : d'astucieux électriciens, d'excellents menuisiers pour la construction des décors. J'ai gardé un directeur financier qui, à mon arrivée, s'est enfin mis à apprendre la comptabilité... et à jouer au golf ! Il a été remarquable.

La CGE se lance donc dans la rénovation et l'innovation. Elle développe le digital et le numérique, peu répandus à l'époque, permettant d'extraordinaires effets spéciaux. Elle attire le géant de l'audiovisuel allemand UFA-Bertelsmann en aménageant un double plateau de tournage qui deviendra en peu d'années une véritable usine à « sitcoms » en produisant un épisode par jour. La chaîne ORB, issue d'une ancienne télé de l'Allemagne de l'Est, vient s'installer. Babelsberg revit. Les grands réalisateurs accourent et sortent des films qui remportent un succès mondial. L'école de cinéma Konrad Wolf, créée en 1954, prend un nouvel élan. On aménage un musée regroupant un million d'accessoires. En 1993, on ouvre un parc d'attractions qui reçoit, la première année, 500 000 visiteurs.

Fin 1998, moins de sept ans après la signature, les studios parviennent à l'équilibre. 60 entreprises de médias s'y sont implantées. Coût de l'opération pour la Compagnie générale des eaux (qui deviendra Vivendi, puis Veolia) : 500 millions d'euros.

Quand l'essence jaillit

L'essence, c'était l'affaire de Minol. La seule et unique compagnie pétrolière d'Allemagne de l'Est. « La première au monde, claironnait-elle, à avoir inventé les stations automatiques. » L'automobiliste arrivant au volant de sa petite Trabant devant une pompe sonnait à la cabane d'un gardien qui lui remettait une clé. Ce sésame permettait d'ouvrir un caisson à l'intérieur duquel se trouvait un jerrican de 10 litres. Et il se servait... La plupart de ces stations services se situaient au fin fond des zones industrielles entourant les lugubres cités dortoirs. Vingt ans après, ces images font rire Germain Hagenbach. Alors directeur chez Elf, connaissant bien l'Allemagne, il est envoyé à la fin de l'année 1990 pour dresser un état des lieux. Elf est installée depuis longtemps à Düsseldorf. Face à l'Allemand Aral, les Anglais BP et Schell, ou l'Américain Standard Oil, la compagnie française occupe une place modeste en RFA. Pour tous ces pétroliers, conquérir de nouveaux territoires est une chance qu'il faut saisir à tout prix. Pour grossir, il faut se tourner vers d'autres clients. Tous regardent Minol avec appétit...

Mais le réseau de distribution Minol est dans un état pitoyable et mal géré. Le retard technologique est abyssal. Un personnel pléthorique ; 10 000 salariés pour 2 000 stations, mal formés, peu motivés. « Les stations étaient bonnes à mettre à la poubelle, se souvient Germain Hagenbach. La raffinerie de Leuna était irrécupérable. Il fallait la détruire. Les terrains étaient pollués par des déversements d'hydrocarbures. La quantité d'argent à investir pour tout rénover semblait phénoménale. »

Après la chute du Mur, fin 1989, les dirigeants de Minol prennent conscience de la vétusté de leurs installations et décident d'entreprendre une vaste campagne de modernisation.

> Ils se sont mis à penser à l'occidental, poursuit Germain Hagenbach. Sauf qu'ils n'avaient aucun sens de la rentabilité ! C'était n'importe quoi, n'importe comment. Ils dépensaient sans compter les fonds mis à leur disposition par la Treuhand ; environ 3 millions d'euros par station. Avec un risque : Minol sera-t-elle capable de passer de la situation de monopole à celle de libre concurrence ?

C'est une décision politique qui met fin à ce rêve. Le chancelier Kohl refuse que l'ancienne RDA soit un désert industriel. Au début de l'année 1991, il propose au président Mitterrand que la société Elf, dont l'État français est propriétaire à 60 %, reprenne le réseau Minol avec la raffinerie de Leuna.

Cadeau empoisonné !

> Le deal a été le suivant, raconte M. Hagenbach : on prend Minol et la raffinerie dans l'état où ils se trouvent pour un prix pas trop cher. On rase, on dépollue et on reconstruit. On applique un plan social avec le licenciement d'une partie des anciens dirigeants.

Plan avalé sans grincements de dents, car ils ne se sentaient pas aptes à se mouler dans le système occidental. On est dans l'incapacité de retrouver un semblant de comptabilité. Aucun bilan.

À cela s'ajoute un problème juridique délicat. La réunification permet aux anciens propriétaires des terrains sur lesquels les installations étaient édifiées de réclamer leurs biens. Il faut donc indemniser. 1 500 ingénieurs, techniciens, experts et contrôleurs de gestion de chez Elf planchent sur le projet. « On avait sous-estimé l'énergie que cette rénovation nécessitait, avoue Germain Hagenbach. »

Moins de deux après, une nouvelle société naît et s'installe cette fois à Berlin : Elf Oil AG. Une année plus tard, en 1994, une raffinerie toute neuve est inaugurée. Elle figure parmi les plus modernes et les plus performantes du monde. En 1992, éclate une ténébreuse affaire de pots de vins. Des commissions d'un montant de 300 millions de francs auraient été versées en dessous-de-table au parti politique d'Helmut Kohl. Un intermédiaire, membre des services secrets français, aurait touché un confortable pourcentage. Il écopera de 15 ans de prison ferme, par défaut puisqu'il a disparu dans la nature !

Aujourd'hui, le groupe Total, qui a englobé Elf, se félicite de cette reprise, « beaucoup plus rentable qu'on ne l'imaginait. Total Deutschland gagne de l'argent ».

Jacques Boutelet

10. L'AVOCAT DES ALLEMANDS DE L'EST. INTERVIEW DE LOTHAR DE MAIZIÈRE

Lothar de Maizière (70 ans) a été entre le 12 avril 1989 et le 2 octobre 1990 le premier et le dernier ministre-président de RDA élu démocratiquement. Au nom du régime est-allemand, il a mené les négociations pour la réunification de l'Allemagne. Sa famille est originaire de Maizières-lès-Metz en Lorraine, réfugiée dans le Brandenburg au XVIIe siècle, comme beaucoup de familles huguenottes. Lothar de Maizière étudie d'abord la musique en Allemagne de l'Est et débute une carrière d'altiste dans plusieurs orchestres. Il se dirige ensuite vers le droit. Il exerce en tant qu'avocat depuis 1975.

SÉBASTIEN VANNIER : monsieur de Maizière, à la construction du Mur en août 1961, vous êtes étudiant en musique et déjà membre de la CDU.

LOTHAR DE MAIZIÈRE : Je suis entré à la CDU en 1956. Pour moi, il était bien clair qu'en entrant à la CDU, je montrais que je ne voulais plus rien avoir à faire avec le SED[1]. C'était assez opportuniste de ma part et je n'ai pas occupé de fonction au sein du parti. En RDA, l'appartenance politique était très surveillée. Heureusement, à l'école de musique, seuls comptaient les résultats aux examens. Quand on n'a pas d'oreille, on peut bien être au parti tant qu'on veut, cela ne change rien. On est musicien ou on ne l'est pas.

En tant qu'avocat, vous avez pourtant défendu des opposants au régime

En réalité, je m'intéressais surtout au droit des affaires, au droit financier et au droit fiscal. Mais mon Église m'a rappelé à mes devoirs. L'Église était un point de départ de la contestation en RDA et m'envoyait régulièrement des gens. J'ai défendu des objecteurs de conscience, des réfugiés, des dissidents. J'ai été vice-président du Synode fédéral des Églises évangéliques. C'était un gros travail, mais c'était aussi une protection. Cela m'a apporté une certaine notoriété dans l'Église et au sein du parti. Ce qui fait que, lorsqu'il s'est agi de politique, les gens ont dit : c'est à Maizière de s'en charger.

Le mois de novembre 1989 a été pour vous une période très intense : le Mur tombe le 9, le 10 vous êtes élu à la tête de la CDU de l'Est et le 18, vous êtes nommé président du Conseil des ministres.

Quand je repense à cette période, je me dis : « Ça a été incroyable. » Lorsque le Mur est tombé, ma première impression a été : quelle folie ! Ensuite j'ai pensé : j'espère que ça va bien se passer. J'espère que les Russes ne vont pas sortir de leurs gonds. 400 000 soldats soviétiques étaient stationnés en Allemagne de l'Est à ce moment-là, des troupes d'élite. Je croisais aussi les doigts pour que la population garde son calme.

---

1. Sozialistische Einheitspartei Deutschlands, parti unique de la RDA. [NdT]

Peu avant Noël 1989, François Mitterrand s'est rendu en RDA. Vous étiez présent. Comment cela s'est-il passé ?

À l'époque, je faisais partie du gouvernement Modrow. J'ai dit à Jean-Louis Bianco[1] : « J'ai un problème : je suis membre du gouvernement Modrow, et en cette qualité je me dois d'être loyal. Mais votre président veut signer demain un traité de commerce de quatre ans avec la RDA. Or ce traité n'a aucune chance d'arriver à son terme. Et votre Grande Nation se ridiculise. » Les intentions de Mitterrand étaient claires : il voulait stabiliser la RDA, et montrer à la RFA que l'État est-allemand allait encore durer un certain temps. M. Bianco a répondu : « Je suis de votre avis, mais le président est opiniâtre. »

Le 18 mars 1990, vous gagnez avec la CDU les premières élections libres en RDA. Cela a-t-il été une grosse surprise pour vous?

Je pense que les gens en RDA n'ont pas tant voté pour des partis que pour des thèmes de campagne, et avant tout pour l'unité allemande. À l'annonce des résultats, j'ai eu le plus grand choc de ma vie. Avec 40,8 % des voix, je ne pouvais plus y échapper. Pour tout le monde, le processus allait trop vite : nous n'arrivions plus à suivre. À l'automne 1989, j'étais un petit avocat de province à Berlin et soudain je me retrouvais à négocier avec les grands de ce monde. De quoi donner sérieusement le vertige.

Comment se sont déroulées les négociations avec Helmut Kohl et Wolfgang Schäuble ?

Helmut Kohl, à cause de sa personnalité et de son style, s'occupait surtout des affaires internationales. Il s'intéressait peu à la politique intérieure et encore moins à l'économie. J'ai donc

1. Secrétaire général de l'Élysée. [NdA]

négocié avec Schäuble. On se dit souvent qu'on se ressemble beaucoup : on est tous deux juristes, protestants, pince-sans-rire, à l'humour parfois un peu piquant. Je me suis toujours considéré comme l'avocat des Allemands de l'Est. Les Allemands de l'Ouest disposaient d'un tel lobby, ils n'avaient pas besoin d'aide. Avec Wolfgang Schäuble, nous nous sommes dit : c'est un *Contrat social*[1]. Cela ne sert à rien de tirer la couverture à soi. À la fin, il faudra bien que tout le monde vive avec.

Qu'avez-vous pensé au moment où vous avez signé le traité « 4 + 2 » en 1990 ?

En un an, le monde avait radicalement changé et moi je me retrouvais assis là, en train de signer le traité de paix pour l'Allemagne. Les quatre puissances semblaient dire : nous vous faisons confiance, vous allez retrouver votre pleine souveraineté. Je savais que c'était une signature importante. Après ça, Gorbatchev nous a invités à une collation. Sur les tables, il y avait des cartes avec le menu et je lui ai dit : « C'est le moment le plus important de ma vie, j'aimerais bien avoir un souvenir. » Je lui ai demandé de signer la carte. Et j'ai fait signer tous ceux qui étaient là. À La fin, ils ont dit : « Nous aussi nous voulons un souvenir », et on a tous signé les menus.

Vingt ans après la réunification, on continue à dire que le processus de réunification n'a pas été si simple pour certains Allemands de l'Est.

Il y a une grande différence entre l'opinion publique et l'opinion publiée. D'abord les Allemands sont très forts quand il s'agit de se plaindre. Il faut quand même qu'ils reconnaissent qu'aujourd'hui ils peuvent râler nettement plus fort qu'il y a vingt ans. Nous avons cru que le rattrapage économique se ferait plus

1. En français dans le texte.

rapidement et coûterait moins cher. Cela s'explique principalement par le fait que tout le bloc de l'Est s'est effondré. Or l'économie de la RDA dépendait à 60 % des échanges commerciaux avec l'Union soviétique et les autres pays du bloc.

Par ailleurs, les mentalités évoluent difficilement. Quand tout un peuple doit, en si peu de temps, se faire à un nouveau système politique, économique, juridique et monétaire, c'est très éprouvant. J'ai tenu récemment un discours devant des jeunes de 19 ans. Pour eux, la RDA est de l'histoire ancienne, c'est comme si je leur avais parlé de la guerre de Trente Ans. Un passé lointain. Pour moi, c'est encore l'histoire de ma vie.

Propos recueillis par Sébastien Vannier

11. LA MÉMOIRE DE LA STASI

Vingt ans après la réunification allemande, les archives de la Stasi défraient toujours la chronique. Véritable mémoire du régime répressif de la RDA, le dédale de dossiers et de fichiers de la Stasi aurait pu être fermé à tout jamais sans l'opposition de citoyens engagés.

Le 15 janvier 1990. Des milliers de citoyens est-allemands prennent d'assaut la centrale du ministère de la Sécurité de l'État, la Stasi, à Berlin.

« Je connaissais bien la centrale pour y avoir été interrogé et emprisonné à plusieurs reprises », se souvient Christian Halbrock qui travaille aujourd'hui pour l'organisme chargé de gérer les archives de la Stasi. Lorsqu'il se rend ce jour-là dans le quartier de Lichtenberg, où se trouve le siège de la police politique, il n'a que 26 ans, mais déjà plusieurs années d'opposition derrière lui.

> Au départ, on voulait emmurer la centrale, car on pensait qu'on ne réunirait pas assez de monde pour l'occuper. C'était tellement grand, un peu comme une ville dans la ville. Et puis, comme si de

rien n'était, nous avons pu l'envahir et l'occuper, c'était extraordinaire. Ce jour-là, ce sont les citoyens eux-mêmes qui ont mis à genoux cet organe de répression.

Le Mur est tombé depuis deux mois, la RDA se disloque, mais la Stasi, le cœur du système, continue de fonctionner et s'emploie à détruire les traces de ses activités. Dossiers, fichiers, microfilms, photos, tout y passe. « Dans toutes les dépendances de la Stasi, les cheminées fonctionnaient à plein pot. Les employés tentaient par tous les moyens de détruire les archives. C'est lorsqu'ils ont compris ce qui était en train de se passer que les gens ont décidé d'intervenir », explique l'historien Jens Schöne.

Dans toutes les grandes villes d'Allemagne de l'Est, les militants pour les droits civiques tout comme les citoyens lambda prennent leur courage à deux mains et occupent les locaux de la Stasi. L'instrument de répression principal du pouvoir est-allemand représente pour beaucoup le dernier bastion à abattre sur le chemin de la démocratie.

Libre accès pour tous, mais pour combien de temps ?

Le pire a été évité, mais que faire de la mémoire de la Stasi, ce passé encombrant ? Le débat s'engage entre ceux qui craignent les règlements de compte et ceux qui au contraire exigent un accès illimité aux archives afin de démasquer les coupables et de réhabiliter les victimes. Dans les mois qui suivent, le mouvement citoyen est-allemand se mobilise pour que tous les Allemands de l'Est puissent avoir accès à ces documents qui détaillent par le menu le quotidien et les activités de tous ceux qui ont été soupçonnés de conspirer contre l'État.

Mais le contrat de réunification de septembre 1990 prévoit la fermeture définitive de ces archives. Une tentative malvenue de faire table rase du passé pour construire une Allemagne unifiée. La centrale de la Stasi est occupée une seconde fois et les militants obtiennent finalement gain de cause. Le contrat de réunification est modifié et stipule désormais que les archives resteront accessibles, à ceci près : les dossiers concernant les personnalités politiques importantes sont en grande partie classés secret défense, notamment celui de Helmut Kohl, le chancelier de la réunification. Seul un millier de pages insignifiantes le concernant seront rendues publiques en 2005.

Pour autant, aucun autre pays de l'ex-bloc soviétique n'est allé aussi loin dans la transparence. En vingt ans, plus de 2,7 millions de citoyens ont pu consulter leurs dossiers.

« Découvrir enfin la vérité sur son parcours, comprendre pourquoi on a été évincé de tel poste, pourquoi on n'a pas obtenu tel appartement et découvrir qui étaient les mouchards dans le cercle familial, amical ou professionnel, est extrêmement important pour tous ceux qui consultent leur dossier », analyse Steffen Mayer, le porte-parole du BStU, l'administration chargée des archives de la Stasi. « Cela leur permet de reprendre le contrôle de leur biographie. » En 2009, 100 000 demandes de consultations ont été enregistrées, preuve que l'intérêt pour ces archives est toujours aussi important.

Vingt ans après la réunification, ces archives font également office d'antidote plus qu'efficace contre l'Ostalgie, la nostalgie de la RDA. « Plus le temps passe, plus les souvenirs s'embellissent », remarque Steffen Mayer. « Or en RDA, tout n'était certes pas mauvais, mais la RDA elle-même l'était sans aucun doute. Et contre la réécriture de l'histoire, ces archives nous montrent aujourd'hui encore comment le système fonctionnait réellement. »

Un système qui reposait sur un réseau de mouchards sans cesse renouvelé : les « *Inoffiziellen Mitarbeiter* » (IM) ou collaborateurs non officiels. Plus de 600 000 personnes auraient fourni des informations à la police politique est-allemande. Mais malgré les 30 000 procès engagés contre des collaborateurs de la Stasi, seules 20 personnes ont été condamnées. L'essentiel des activités de ces IM ne constituait pas un délit en RDA au moment des faits. En vertu du principe de non-rétroactivité de la loi, la justice fédérale allemande a donc généralement les mains liées.

Encore combien de secrets enfouis ?

Mais il n'empêche que ce passé rattrape forcément. Ainsi le gouvernement actuel du Land de Brandebourg a été secoué ces derniers mois par des révélations sur plusieurs députés du parti de la gauche radicale, Die Linke, qui ont été des IM.

Les historiens et les journalistes contribuent aujourd'hui encore à lever le voile sur des secrets enfouis dans les 160 kilomètres d'archives de la Stasi. Pas plus tard qu'en 2009, alors qu'ils enquêtaient sur les morts du Mur, des historiens du BStU font une découverte sensationnelle. Karl-Heinz Kurras, le policier de Berlin-Ouest responsable de la mort de l'étudiant Benno Ohnesorg en 1967, était en réalité un agent-double de la police politique est-allemande. La mort de Ohnesorg lors d'une manifestation organisée contre la venue du shah d'Iran à Berlin avait déclenché la révolte estudiantine et la radicalisation de l'extrême gauche. À la lumière de ces nouvelles informations, beaucoup se sont demandés si Kurras avait agi sur ordre de la Stasi. Une question qui reste pour l'heure en suspens, car une partie de son dossier a été détruite.

« L'époque des grandes révélations spectaculaires est passée, mais l'affaire Kurras montre que les archives de la Stasi recèlent encore de nombreuses informations sensationnelles », affirme Steffen Mayer. D'autant que le travail de mémoire est loin d'être fini.

Seul un tiers des archives est aujourd'hui catalogué et 16 000 sacs remplis de documents détruits par la Stasi attendent d'être reconstitués. Pour accélérer leur mise en forme, manuelle jusqu'à ce jour, le gouvernement allemand a débloqué 6 millions d'euros pour financer un projet pilote de l'Institut Fraunhofer. Fin 2010, les morceaux de papiers seront numérisés et assemblés par un logiciel. L'ensemble de ces documents détruits *in extremis* par la Stasi comportent des informations datant des années 1980. Une époque marquée par une collaboration intensive entre les hommes politiques de l'Est et de l'Ouest. Autant d'informations sur les activités de la police politique est-allemande et de ses collaborateurs, qui promettent de nouvelles surprises.

Anne Mailliet

12. BERLIN : LA NOUVELLE CAPITALE DES ALLEMANDS. INTERVIEW DE KLAUS WOWEREIT

Il y a presque vingt ans, Berlin est devenue la capitale de l'Allemagne réunifiée. Les touristes venus du monde entier apprécient le décalage entre un Berlin en chantier, ses projets architecturaux et la métropole moderne. L'expression « pauvre, mais sexy », lancée par le maire Klaus Wowereit en 2003, représente au mieux le mythe du « nouveau Berlin ».

CORNELIUS WÜLLENKEMPER : Quelles ont été les conséquences immédiates du transfert en 1991 de la capitale fédérale de Bonn à Berlin pour les Berlinois ? Comment la ville s'est-elle transformée depuis ? Est-ce qu'un Berlinois de souche comme vous arrive à reconnaître « sa » ville ?

KLAUS WOWEREIT : Bien sûr que je reconnais ma ville. Mais il est vrai qu'on regarde toujours un lieu avec en tête le souvenir de ce qu'il était avant. Par exemple, la zone autour du Reichstag donnait autrefois une impression de fin du monde. Le déménagement de la capitale a naturellement totalement bouleversé le visage de cet endroit.

Nous avons aujourd'hui un véritable quartier gouvernemental. L'arrivée du gouvernement fédéral, du Bundestag et du Bundesrat a produit un énorme effet d'entraînement, il suffit de regarder les ambassades pour s'en convaincre. Berlin n'est pas seulement devenue une capitale, c'est aujourd'hui une vraie métropole.

Depuis le traité sur la capitale[1], *le visage de la ville s'est métamorphosé. Est-ce que les « particularités économiques, culturelles et écologiques de Berlin ont été prises en compte de façon appropriée », comme il avait été convenu ? Quels défis restent à relever ?*

Je pense que Berlin peut être globalement satisfaite, même si dans certains domaines, l'État fédéral s'est régulièrement dérobé. Évidemment, cela a créé des problèmes et des désaccords, mais l'État fédéral a quand même fait beaucoup pour la ville, notamment sous le chancelier Schröder. La rénovation de l'île des musées l'illustre bien. Régulièrement on s'exaspère les uns les autres, récemment par exemple avec le ministre fédéral de l'Aménagement du territoire, qui soutient qu'on peut réaliser le Humboldt-Forum[2] sans la façade baroque du château – une idée que nous jugeons totalement absurde !

Berlin doit dépenser sensiblement plus d'argent que les autres villes pour financer son statut et ses obligations de capitale (sécurité, contraintes architecturales et de construction). Quel est le rapport entre ces dépenses supplémentaires et les recettes enregistrées par Berlin en tant que nouvelle capitale de l'Allemagne réunifiée ?

Je ne pense pas qu'il faille faire le calcul de cette manière, déjà parce qu'on ne peut pas réellement chiffrer l'impact de la fonction

---

1. « *Hauptstadtvertrag* », qui règle le transfert de la capitale de Bonn à Berlin. [NdT]
2. Espace composé de l'île aux musées et du futur château de Berlin reconstruit. [NdT]

de capitale sur les recettes, indépendamment des autres facteurs. Comment pourrait-on le faire ? Pour chaque implantation économique sur le territoire de la ville, il est difficile de savoir si l'entreprise se serait installée même sans la présence du gouvernement et du Parlement. Il y a beaucoup d'autres raisons qui font de Berlin une ville attractive.

On compare souvent Berlin avec d'autres métropoles européennes comme Paris ou Londres. Près de vingt ans après le transfert de la capitale, Berlin peut-elle se mesurer à ces villes, du point de vue économique, culturel et de ses infrastructures ?

Si nous arrivons à mettre le nouvel aéroport Willy-Brandt en service dès l'année prochaine, nous pourrons effectivement tenir la comparaison, en tout cas sur ce domaine précis. Notre potentiel économique reste encore largement inférieur, mais il ne faut pas oublier que des villes comme Paris ou Londres ont été pendant des siècles les centres incontestés de leurs nations respectives, et au-delà les centres d'immenses empires coloniaux. La tradition allemande – marquée par le fédéralisme – a d'autres racines. Il est vrai que Paris, Londres, Rome ou Madrid restent pour nous des références. Malgré tout, Berlin est quand même « *the place to be* » (la ville à la mode). Notre ambition : l'économie, la science et la culture au top niveau.

Berlin remplit-elle son rôle de ville au cœur de l'Europe ? Est-elle vraiment une « porte vers l'Europe de l'Est » ?

Nous sentons de plus en plus, y compris sur le plan économique, que Berlin est beaucoup plus proche de l'Europe de l'Est que les autres villes allemandes. Ici, non seulement le monde entier se sent chez lui, mais nous accueillons énormément d'Européens de l'Est, qui participent notamment à la vie culturelle. Avec la réunification du continent – n'oublions pas que l'entrée dans l'Union européenne des anciens États du bloc soviétique est très récente –, le rôle de Berlin comme plaque tournante entre l'Est et l'Ouest se renforce de plus en plus.

Le cabinet de consulting McKinsey a estimé dans une étude récente que Berlin pourrait créer plus de 500 000 emplois dans les dix prochaines années, « à condition de poser les bons jalons au niveau économique et politique ». Comment réagissez-vous à cette affirmation ? Quels sont les « jalons » qui, selon vous, sont décisifs ?

Je considère cette étude comme une approbation de notre politique. Le gouvernement régional que je préside a, dans la limite de ses compétences, fait les réformes nécessaires, même si beaucoup de choses relèvent de l'échelon fédéral. Nous déroulons le tapis rouge aux investisseurs et nous sommes extrêmement attentifs à leurs besoins. Par ailleurs, nous avons réformé profondément les structures des organismes d'aide aux entreprises qui travaillent ici depuis longtemps.

En 2010, vingt ans se seront écoulés depuis la décision de faire de Berlin la capitale de l'Allemagne réunifiée. Faut-il fêter l'événement ? Si oui, sous quelle forme ?

Nous avons tous poussé un soupir de soulagement quand Rita Süssmuth, alors présidente de Bundestag, a annoncé l'adoption du transfert à une courte majorité. Berlin est particulièrement reconnaissante envers tous ceux qui nous ont soutenus – évidemment Willy Brandt, mais aussi le ministre actuel des Finances, Wolfgang Schäuble, parce que c'était une situation dans laquelle l'appartenance politique n'a pas compté.

Propos recueillis par Cornelius Wüllenkemper

13. LE RÔLE CLÉ DE L'IRLANDE DANS LA RÉUNIFICATION. INTERVIEW DE NOEL DORR

En janvier 1990, l'Irlande a pris la présidence de la CEE. Son programme écologique a été éclipsé par la priorité de la réunification allemande. Noel Dorr[1], diplomate irlandais, s'est trouvé au centre de ces négociations. Vingt ans plus tard, il explique le rôle de l'Irlande dans l'organisation de l'unification dans le cadre de la Communauté européenne.

LAURA DAGG : *Quel rôle la présidence irlandaise a-t-elle joué lors des négociations sur la réunification de l'Allemagne ?*

NOEL DORR : Au premier semestre 1990, il revenait à l'Irlande de présider la Communauté économique européenne comme on l'appelait alors. La pratique courante de l'époque était de réunir un Conseil européen au terme de chaque présidence. Certains

---

1. Noel Dorr a été secrétaire général du ministère irlandais des Affaires étrangères et ambassadeur de la République d'Irlande auprès des Nations unies et du Royaume-Uni.

pays organisaient, eux, deux de ces sommets au cours des six mois de leur présidence. Notre programme, arrêté quelques mois avant la présidence, prévoyait d'intégrer au calendrier une deuxième réunion à mi-parcours. Notre priorité à l'époque allait aux questions environnementales, à ce que nous appelions une « présidence verte ». Mais il se trouve que la question de la réunification allemande est venue sur le devant de la scène à l'automne 1989. Et notre projet de convoquer un Conseil européen s'est avéré très opportun alors même qu'un événement majeur se déroulait.

Certains dirigeants européens, en particulier le président François Mitterrand et le Premier ministre Margaret Thatcher et peut-être même l'exécutif néerlandais étaient très sceptiques et nourrissaient des doutes sur la détermination du chancelier Kohl à saisir l'occasion historique qui se présentait de réaliser l'unification des deux Allemagne.

Notre rôle a essentiellement été d'obtenir une référence très positive et chaleureuse à l'unification allemande dans les conclusions du Conseil européen le 28 avril 1990. Charles Haughey, Premier ministre irlandais, a joué un rôle clé dans la négociation de cette référence positive à la réunification allemande. À cet égard, la présidence irlandaise fut capitale.

Comment la présidence irlandaise s'est-elle préparée à cette réunion spéciale du Conseil européen sur la réunification allemande ?

Au début de notre présidence dans le cadre de la coopération politique européenne, nous avions organisé au Château de Dublin une réunion des ministres des Affaires étrangères, où nous avons défendu l'idée de l'unité allemande. Notre Premier ministre, Charles Haughey a ensuite entrepris une tournée des capitales en février et mars 1990 comme le veut l'usage pour le chef du gouvernement du pays exerçant la présidence. La démarche était particulièrement importante. La tournée des capitales permet à la présidence d'avoir une idée claire sur la position de chaque pays, de s'exprimer franchement auprès d'eux et de leur exposer les orientations des autres États. En accord avec la Commission, Haughey plaidait pour que le prochain Sommet réserve un accueil positif à la question de l'unification allemande.

La présidence a mis sur la table une proposition de conclusions du Conseil élaborée sur la base des contributions collectées lors de la tournée des capitales ainsi que de celles de la Commission et du secrétariat du Conseil. À ce stade, le travail préliminaire avait été fait et il aurait été politiquement très difficile pour François Mitterrand ou Margaret Thatcher de persévérer dans leur attitude de réticence initiale. L'ambiance générale était en faveur de l'unification.

Finalement, la France s'est ralliée aux autres États membres et a accepté les conclusions du Conseil rédigées par la présidence irlandaise ; ces conclusions déclaraient que :

> La Communauté se félicite vivement de l'unification allemande. Elle envisage favorablement la contribution positive et fructueuse que tous les Allemands pourront apporter après l'intégration prochaine du territoire de la République démocratique allemande à la Communauté. Nous ne doutons pas que l'unification allemande – qui est le résultat d'une volonté populaire librement exprimée – constituera un facteur positif pour le développement de l'Europe dans son ensemble et de la Communauté en particulier [...]. Nous nous réjouissons que l'unification allemande soit en train de se faire sous l'égide de l'Europe.

Il était très important que la Communauté réserve un accueil chaleureux à l'unification allemande. Elle a pris la décision historique de permettre que cet événement se réalise sous l'égide de l'Europe, sans nécessité d'une révision des traités.

Ce texte était très positif, ce qui n'était pas gagné étant donné les doutes émis tant par François Mitterrand que Margaret Thatcher quant à la pertinence d'une unification trop précipitée de l'Allemagne. Le Conseil européen a été déterminant dans la mise au point du cadre de la réunification.

Jacques Delors a-t-il eu une influence dans ces négociations ?

La relation de Jacques Delors avec l'Irlande et avec Charles Haughey était excellente. Il était d'un grand secours pour nous et jouissait d'une haute estime en Irlande. Mon sentiment est qu'il a exercé une grande influence sur la présidence et sur François Mitterrand. M. Delors a contribué à assouplir la position du président français, qui aurait autrement été plus hostile envers l'unification allemande.

Pourquoi le Premier ministre irlandais, Charles Haughey, était-il un si fervent partisan de l'unification allemande ?

Charles Haughey avait clairement conscience de l'importance historique des événements en cours et, de là, une grande bienveillance envers le souci du chancelier Kohl de saisir l'occasion de réunir l'Allemagne qui se présentait. Il partageait avec ce dernier l'idée qu'il s'agissait d'un moment historique majeur qu'il ne fallait pas laisser passer. Et puis, en tant que leader politique irlandais qui avait toujours caressé l'espoir que les deux parties de l'Irlande parviendraient un jour à un accord d'union, il avait assurément une forte empathie pour le chancelier allemand. Son soutien à l'aspiration du chancelier d'unifier l'Allemagne en dépit des difficultés évidentes que cela posait allait peut-être au-delà de celui d'autres leaders européens.

Il a joué un rôle déterminant pour amener le Conseil européen à s'aligner derrière cette position. Le chancelier lui a, du reste, déclaré après la réunion : « L'Allemagne n'oubliera jamais l'aide que vous nous avez apportée. » Dernièrement, le rôle joué par l'Irlande durant sa présidence a été publiquement reconnu par le ministre des Affaires étrangères allemand, Guido Westerwelle, à l'occasion d'une visite à Berlin de l'actuel ministre irlandais des Affaires étrangères, Micheál Martin.

Ne pensez-vous pas qu'en tant qu'ancien fonctionnaire irlandais, vous surestimez quelque peu le rôle de votre pays ?

Les petits pays ont toujours tendance à se donner un rôle exagéré ! Il s'agissait certes d'événements historiques majeurs auxquels de grands pays ont pris part et où un grand nombre d'autres forces étaient à l'œuvre, mais en l'occurrence, je ne crois pas exagérer de dire que l'Irlande, qui exerçait la présidence de la CEE à l'époque, a joué un rôle clé et M. Kohl partageait certainement cette opinion. Ces événements auraient pu survenir à un tout autre moment, il se fait qu'ils ont eu lieu lorsqu'il nous revenait d'exercer la présidence et qu'occupant ce poste, nous avons bien rempli notre rôle.

Propos recueillis par Laura Dagg

••• CONCLUSIONS DU CONSEIL EUROPÉEN DU 28 AVRIL 1990

1. Le Conseil européen exprime la profonde satisfaction que lui inspirent les événements survenus en Europe centrale et orientale depuis le Conseil européen de Strasbourg. Il se réjouit du processus de transformation en cours dans ces pays avec les peuples desquels nous partageons le même héritage et la même culture. Ce processus ne cesse de rapprocher l'avènement d'une Europe qui, ayant surmonté les divisions contre nature que lui avaient imposées l'idéologie et l'affrontement, se trouve unie dans son

engagement en faveur de la démocratie, du pluralisme, de l'État de droit, du respect intégral des droits de l'homme et des principes de l'économie de marché. [...]

2. La Communauté se félicite vivement de l'unification allemande. Elle envisage favorablement la contribution positive et fructueuse que tous les Allemands pourront apporter après l'intégration prochaine du territoire de la République démocratique allemande à la Communauté. Nous ne doutons pas que l'unification allemande – qui est le résultat d'une volonté populaire librement exprimée – constituera un facteur positif pour le développement de l'Europe dans son ensemble et de la Communauté en particulier.

3. [...]

••• UNIFICATION ALLEMANDE

4. Nous nous réjouissons que l'unification allemande soit en train de se faire sous l'égide de l'Europe. La Communauté veillera à ce que l'intégration du territoire de la République démocratique allemande dans la Communauté se passe sans heurt et d'une manière harmonieuse. Le Conseil européen est persuadé que cette intégration contribuera à accélérer la croissance économique de la Communauté et estime d'un commun accord qu'elle aura lieu dans des conditions d'équilibre économique et de stabilité monétaire. L'intégration sera effective dès que l'unification aura été juridiquement établie, sous réserve des dispositions transitoires nécessaires. Elle se fera sans révision des traités. [...] Ces mesures transitoires se limiteront au strict nécessaire et viseront à une intégration complète aussi rapide et harmonieuse que possible.

14. 1989 : LE TRAGIQUE BILAN ÉCOLOGIQUE EST-ALLEMAND

À l'époque, si l'on en croit les affirmations du régime politique, il n'existe pas de problèmes environnementaux graves dans le pays. On tait, maquille ou ment. Et s'ils sont informés sur la couche d'ozone ou les pluies acides, les Allemands de l'Est le devront essentiellement à la télévision ouest-allemande.

Pour seul exemple : il faut attendre 1990 pour que cesse l'exploitation des mines d'uranium dans le Erzgebirge, à l'est de Thuringe et dans les mines de fer en Saxe, au profit de l'armement nucléaire soviétique. Plus de 20 000 mineurs souffrent des suites de ce travail. Au point que l'on recrutera des chômeurs pour donner un coup de main. Toute information sur le sujet est strictement censurée. Qui ne respecte pas la consigne est poursuivi. La RDA s'affirme ainsi entre 1952 et 1990 comme le troisième plus gros producteur mondial d'uranium.

Quand les experts ouest-allemands enquêtent après la réunification, le « spectacle » des dégâts causés par ces mines, de même que par les activités chimiques ou d'extraction du charbon dans le triangle du conglomérat Halle-Leipzig-Bitterfeld, est particulièrement inquiétant à voir. Lacs et rivières empoisonnés, forêts squelettiques, paysages lunaires, tous effets des négligences de l'économie étatique est-allemande. Après 1991, la société de réhabilitation parviendra toutefois en dix années à assainir la moitié des terrils et décharges radioactives.

Dans un village proche d'une mine de charbon, au sud de Leipzig, un habitant relate :

> Le persil ne pousse plus dans le jardin, poiriers et peupliers sont morts, sur le bureau les feuilles de papier sont noircies par la poussière. Quand le vent souffle du sud-ouest arrivent les odeurs de gaz. On ne peut plus ouvrir les fenêtres et les bébés, à six mois, ont déjà des problèmes d'asthme.

Protection de l'environnement

Certes, il existe bien une organisation officielle, concernée par les questions d'environnement, la Société pour la nature et l'environnement dans le cadre de l'organisation de masse, Kulturbund. Subventionnée, son rôle se limite à l'entretien de quelques rares réserves.

Aussi vont bientôt apparaître des mouvements décidés à faire connaître un certain nombre de vérités insoutenables et, dans la foulée, à mobiliser les citoyens.

Information et opposition

Sous couverture de l'église protestante, il s'agit d'abord de poursuivre une motivation très chrétienne, celle de préserver la création. Mais dès 1986, la Bibliothèque environnementale estberlinoise (UB), prenant exemple sur les « universités volantes polonaises », commence à réunir des publications interdites et non conformes politiquement, permettant ainsi de contourner la censure exercée par le régime. Et constitue petit à petit une « armoire à livres » (*Bücherschrank*), mise à la disposition de tout public.

À la Zionskirche de Berlin et grâce au pasteur Hans Simon, les initiateurs de l'UB ont trouvé les lieux pour réunir physiquement les ouvrages accumulés, livres, brochures, journaux, tracts. Ils y impriment également des « Samizdat », de 200 exemplaires en 1986 à 2 000 en 1990, mettant à profit les autorisations d'imprimer concédées à l'Église.

D'autres actions ont pris place. Manifestations, rallyes à vélo, séminaires autour de l'écologie, réunions d'information. Déjà en 1979, à l'initiative d'un écolier de 17 ans de Schwerin, 50 jeunes gens plantent 5 000 arbres dans cette ville, en l'espace d'un week-end

Mais en novembre 1987, un quart d'heure avant minuit, la Stasi investit l'UB, arrête les sept membres présents, confisque les presses. Les protestations sont telles, y compris venant de l'étranger, qu'elle est contrainte de les libérer. Avec l'aide financière et matérielle clandestine de l'Ouest, les activistes de l'UB redoubleront leurs efforts d'information et d'action jusqu'à la réunification.

Robert Fiess

15. PLUS DE SPORTIFS... MAIS MOINS DE MÉDAILLES !

Si les chiffres ont un sens, il est évident que la réunification, sur le plan sportif, n'a pas été une bonne affaire pour l'Allemagne. Il est vrai que dans ce domaine, la petite RDA avait réussi l'exploit de devenir un géant du monde athlétique. Un géant, qui en son temps, pouvait rivaliser avec des puissances telles que les États-Unis et l'URSS. Pour y parvenir, la RDA devint, en 1951, le premier pays au monde à inscrire dans sa constitution le rôle primordial du sport pour l'émancipation humaine. Cette volonté politique répondait à divers objectifs. Le premier était d'obtenir la reconnaissance internationale. Ce qui fut fait au terme d'une longue bataille politique. Paradoxalement, le Comité international olympique (CIO) ne lui accorda ce droit qu'en 1965, c'est-à-dire quatre ans après la construction du funeste mur qui séparait le peuple allemand en deux parties. Durant trois olympiades, sous le sigle de EUA (Équipe unifiée allemande), les deux Allemagne durent ainsi faire cause commune. Aux Jeux olympiques de 1956, la délégation allemande était composée de 141 athlètes venus de l'Ouest et de 36 de l'Est. Quatre ans plus tard à Rome, la RDA pouvait se prévaloir de 137 représentants alors que la RFA en comptait 194. La politique sportive de l'Allemagne de l'Est commençait son irrésistible ascension. Lorsqu'en 1968, l'Allemagne participe aux JO de Mexico, elle le fait sous deux bannières. La RFA remportera 26 médailles dont 5 en or, la RDA en comptera 25 dont 9 en or. L'Allemagne de l'Est a déjà comblé son retard sur celle de l'Ouest. Les années qui suivront marqueront, de manière éclatante, la suprématie de la RDA, non seulement sur le voisin germanique mais sur une grande partie de l'univers.

Détection précoce et dopage

La recette de ces succès magistraux s'appuiera sur l'engagement total de l'État dans le domaine sportif. Un engagement qui s'exprimera par la mise en place d'infrastructures performantes et de méthodes d'entraînement novatrices où la science trouvait toute sa place. Il faut ajouter à cela une politique de détection précoce (effectuée dès les premières années de scolarité) des futurs champions. La haute technicité des entraîneurs dont les champs de compétence s'étendaient à la pédagogie, la psychologie, la biophysique, la physiologie de l'effort avec en prime quelques rudiments de médecine sportive participèrent à cette étonnante réussite. Des médailles qui s'expliquent aussi par un dopage systématique et parfois même forcé. Toutefois on ne peut pas remettre en question les remarquables performances des sportifs de l'Est ; à l'Ouest aussi, le dopage était une pratique répandue !

Avec de tels atouts, les sportifs est-allemands s'assurèrent d'une suprématie dans nombre de disciplines olympiques. La chute du Mur le 3 octobre 1990 allait fatalement entraîner celle du sport allemand. En 1988, aux JO de Séoul, les deux Allemagne totalisaient 142 médailles (102 pour la RDA, 40 pour la RFA).

Vingt ans plus tard aux JO de Pékin, l'Allemagne réunifiée remportait 41 médailles. Un constat amer que ne peut qu'établir Cordula Schubert, ministre des Sports et de la Jeunesse dans le gouvernement démocratique mis en place en RDA au lendemain de la chute du Mur.

> À l'Ouest on a toujours rêvé des succès sportifs de l'Est. C'est pourquoi pendant quelque temps, l'Allemagne réunifiée s'est servi des méthodes et des techniciens issus de l'ex-RDA. Mais cela n'a pas fonctionné longtemps. Le fondement du sport à l'Ouest est d'être indépendant par rapport à l'État. Fatalement nous étions condamnés à régresser.

Le point de vue est identique chez Heike Drechsler, immense championne de la RDA qui, après la réunification, apporta deux médailles d'or à l'Allemagne dans l'épreuve du saut en longueur (1992 et 2000).

> Il faut être clair, en RDA, l'athlète était l'objet de toutes les attentions. Il possédait des conditions idéales pour l'exercice de son métier. Au début, l'Allemagne a su tirer profit des méthodes en cours dans l'ex-RDA, mais ensuite on a commencé à licencier les anciens entraîneurs. On a perdu tout un potentiel de savoir et d'expérience.

Un savoir dont certaines nations, la France en particulier, ont su tirer profit. L'aviron français a pu sortir brillamment sa rame de l'eau en attirant dans son sein un entraîneur est-allemand. Et comment oublier que le cyclisme sur piste français a été piocher en RDA les recettes de ces nombreuses victoires dans divers championnats du monde et Jeux olympiques.

Après la réunification, Heike Drechsler, a dû apprendre à vivre autrement. Elle a pu voyager seule, elle a su se débrouiller pour trouver des sponsors et a quitté l'entraîneur qui l'accompagnait depuis dix années. Elle a découvert l'ivresse de la liberté et son indissociable corollaire : la responsabilité individuelle. En 1992, à Barcelone, elle participera avec de nombreux sportifs de l'ancien territoire de l'Est à la grande fête olympique de l'Allemagne réunifiée : 82 médailles dont 33 en or. Les derniers feux de la fête. Depuis, le sport allemand est descendu de son olympe. Il évolue désormais dans des sphères plus normalisées. Et le procès médiatique fait à la RDA pour dopage intensif et pour sa méthode de détection précoce, ne procède sans doute qu'à l'enterrement d'une politique sportive hors du commun. « Il est étonnant qu'il ait fallu attendre quinze ans après la réunification pour mettre ces problèmes en lumière », s'interroge Cordula Schubert. Sans doute un moyen pour l'État allemand de s'acquitter de certaines responsabilités en matière de politique sportive.

Heike Drechsler qui fut une étoile avant et après la réunification ne regrette pas la prison dorée qui fut la sienne du côté Est du Mur. Mais elle ne peut s'empêcher de s'interroger sur le manque d'engagement de l'État allemand dans le domaine sportif.

> Je fais partie des athlètes est-allemands qui, après la réunification, ont eu la chance de trouver des partenaires économiques pour poursuivre ma carrière. Dans le cas contraire, je n'aurai pu obtenir mes deux médailles olympiques. Il faut être réaliste, les sportifs allemands dépendent du bon vouloir des sponsors. Dans un pays où le vieillissement de la population pose problème, il deviendra de plus en plus difficile de détecter de jeunes champions. D'autant que l'obésité est devenue une grosse préoccupation dans notre société. Je pense qu'à partir de ce constat, nous avons besoin d'une bonne politique sportive.

Un brin de nostalgie taille XXL.

Michel Naït-Challal

CONCLUSION. VINGT ANS DE RÉUNIFICATION, LA NORMALISATION

« La réunification allemande et l'unification européenne sont les deux faces d'une même médaille » : le message que n'a cessé de marteler l'ancien chancelier allemand Helmut Kohl dans les années 1990 est toujours d'actualité. Il s'agissait alors de rassurer les partenaires de l'Allemagne réunifiée sur sa volonté de continuer à œuvrer à la poursuite de l'intégration européenne, notamment en convaincant les Allemands de sacrifier le solide Deutsche Mark à l'aventure de la monnaie unique européenne, qui verra le jour le 1er janvier 1999, quelques mois après le départ du père de la réunification.

Vingt ans après, en pleine incertitude sur le processus européen, c'est l'heure d'un premier vrai bilan. En novembre 2009, les dirigeants européens, réunis dans la capitale allemande, célébraient ensemble la chute du Mur de Berlin. Point final de la guerre froide et symbole de l'unité retrouvée de l'Europe, l'événement avait été suivi onze mois plus tard, le 3 octobre 1990, de la réunification des deux Allemagne, l'occidentale et la soviétique, sous le parrainage des quatre anciennes puissances occupantes. Personne ne contestera que l'Allemagne réunifiée a continué depuis à façonner fortement un édifice européen dont elle occupe, depuis l'entrée des pays d'Europe centrale et orientale dans l'Union européenne en 2004, la place centrale, et dont elle est la principale puissance démographique et économique. Mais un doute persiste encore sur sa capacité à saisir cette responsabilité pour prendre en charge le leadership d'une Europe qui hésite sur son destin.

Les successeurs du chancelier Kohl, le social-démocrate Gerhard Schröder, qui a gouverné en tandem avec le Vert Joschka Fischer, puis la chrétienne démocrate Angela Merkel, originaire de l'Allemagne de l'Est, ont géré l'héritage, sans l'assumer jusqu'au bout. La coalition social-démocrate/verte, de 1998 à 2005, a joué un rôle décisif pour briser le tabou selon lequel l'Allemagne, en raison de son passé nazi, ne devait plus avoir de responsabilités militaires, sauf pour la défense de son territoire et celui de l'alliance atlantique en Europe. Ce changement, qui s'est concrétisé pour la première fois par l'envoi de militaires allemands en ex-Yougoslavie, sous les couleurs de l'Otan et des Nations unies, était un préalable indispensable à toute idée de défense européenne.

Mais la tentative de Joschka Fischer de relancer en 2000 le projet d'une Europe plus fédérale s'est en revanche vite heurtée aux réalités nationales, y compris allemandes. Si elle a permis de faire repartir les négociations sur l'adaptation des institutions européenne à la grande Europe à venir, le traité de Lisbonne, qui en est le lointain aboutissement, est loin d'être à la hauteur des attentes de l'ancien ministre allemand des Affaires étrangères. Les méfiances ont vite abouti à noyer le projet ambitieux d'une constitution européenne dans un vaste texte alambiqué rejeté en France par référendum. Si Paris et Londres s'étaient arrangés pour faire capoter l'idée allemande de faire de la Commission européenne un centre renforcé du pouvoir européen, l'Allemagne pour sa part n'était pas davantage prête à faire de l'euro un instrument de solidarité européenne.

La crise de la monnaie unique, en 2010, a marqué un tournant dans l'appréciation par les autorités allemandes, sous l'influence de leur ministre des Finances Wolfgang Schäuble, du fonctionnement de la zone monétaire européenne et de la nécessité d'une forme de gouvernance économique. Drapés dans le succès de leurs réformes et leurs exportations, les Allemands s'étaient enfermés dans un discours de plus en plus hostile à tout partage de la responsabilité économique. Plus question d'être « la vache à lait de l'Europe ! » : l'Allemagne, fière de sa réunification démocratique, estime qu'après avoir abandonné le Mark elle n'a plus de cadeau à faire et pèse à la baisse dans toutes les négociations budgétaires européennes. Lorsque la crise de solvabilité de la Grèce éclate, le quotidien populaire à grand tirage *Bild* n'a pas à se forcer pour attiser le refus de payer pour les Grecs et réveiller la vieille méfiance pour l'euro.

L'Allemagne n'est certes pas la seule à exprimer cette méfiance à l'égard de l'Europe. Mais elle est *de facto* avec la France la force majeure autour de laquelle l'Europe s'articule. Toute interrogation sur son engagement suscite des peurs. Même s'il avait le soutien du président français Jacques Chirac, Gerhard Schröder l'a payé cher en cherchant l'alliance de la Russie contre l'Amérique du président George Bush sur la guerre en Irak. Le lancement, à l'issue de son mandat, du futur gazoduc germano-russe de la mer baltique, Nordstream, le réveil des demandes de réparations d'associations d'anciens expulsés allemands d'Europe de l'Est, allument le feu aux poudres avec la Pologne, la République tchèque. Les soupçons se répandent vite. Même en France, la rupture des relations de coopération entre Areva et Siemens sonne l'alarme, accréditant l'idée du rejet d'une politique industrielle européenne au profit d'un axe Berlin-Moscou.

Pourtant la crainte du retour d'une « Allemagne bismarckienne », dominante et s'écartant de l'Europe, n'a jamais eu le moindre fondement. En dépit de l'effondrement du système économique et industriel communiste de l'ancienne RDA, de la montée de l'extrême droite et de la gauche radicale à l'Est dans les années qui ont suivi la réunification, l'Allemagne s'est stabilisée. Mais elle reste centrée sur elle-même. Le rattrapage de l'Est coûte cher au contribuable, qui paie un impôt de réunification, et met du temps. L'écart des taux de chômage reste significatif. En 2009, il était, selon l'Agence pour l'emploi, de 13 % à l'Est contre 6,9 % à l'Ouest. Le produit intérieur brut par habitant tournait en 2007 autour de 21 000 dans les Länder de l'Est contre une moyenne de 29 455 pour le pays (30 401 en France en 2008). Les différences se notent aussi sur le plan politique. Le parti Die Linke, issu d'une fusion de l'ancien parti communiste de l'Est et de la gauche radicale à l'Ouest, dépasse dans la plupart des Länder de l'Est le parti social démocrate, tandis que les Verts ont du mal à s'implanter.

Ces différences ont leur influence sur le jeu politique allemand. Elles ont contribué à l'affaiblissement des deux grands partis traditionnels et à la difficulté pour les gouvernements successifs de se concentrer sur leur rôle en Europe et dans le monde. On est dans le paradoxe où l'Allemagne, qui a consacré tant d'efforts au dépassement de son passé nazi, n'arrive pas à saisir la perche qui lui est tendue par ses partenaires européens et américains pour assumer, en s'appuyant sur ses voisins, et notamment la France, le leadership d'une Union qui aurait elle aussi bien besoin de perspectives.

Henri de Bresson

INDEX DES NOMS DE PERSONNE

BIOGRAPHIE DES CONTRIBUTEURS

Jacques Boutelet a été journaliste directeur de la rédaction de RTL entre 1995 et 2001 où il avait débuté dans les années 1970. Actuellement, il est vice-président de l'Institut pratique de journalisme.

Henri de Bresson, ancien correspondant du *Monde* à Berlin, a suivi tous les épisodes de la réunification allemande. Il s'est ensuite occupé des questions européennes au siège du journal à Paris.

Olivier Breton dirige le newsmagazine mensuel *ParisBerlin.*

Laura Dagg a été chargée de recherche de la Fondation pour l'innovation politique (Fondapol) et secrétaire générale du Mouvement européen en France. Diplomate irlandaise, elle est rédactrice en chef du webmagazine Touteleurope.fr

Après RMC, E1, *L'Express*, Antenne 2, **Robert Fiess** assure le lancement de l'édition française de *Géo*, dont il est successivement rédacteur en chef et directeur des rédactions. Il a également créé l'Académie Prisma Presse pour la presse magazine. Boursier de la Fondation Nieman (université de Harvard), il a notamment collaboré à la revue *Communication et langage* et au magazine *ParisBerlin*.

Alfred Grosser a enseigné à l'Institut d'études politiques de Paris. Pour ses contributions à la réconciliation et à la coopération franco-allemande, il a obtenu de nombreux prix et récompenses.

Anita Hausser a fait ses débuts en tant que journaliste politique au quotidien *L'Alsace*, puis à RTL et à LCI. Elle travaille actuellement pour la chaîne parlementaire et pour *France-Soir*.

François Hellio, diplômé d'HEC Paris, est conseiller fiscal et avocat associé chez CMS bureau Francis Lefebvre.

Pierre Janin a créé le newsmagazine *ParisBerlin* en 2004. Il était correspondant en Allemagne lors de la construction du Mur. Spécialiste du pays sur France Inter et Europe 1, il a ensuite été conseiller en communication pour de nombreuses entreprises allemandes en France ainsi que françaises en Allemagne.

Anne Mailliet est journaliste indépendante et fait partie du groupe franco-allemand « les Berlinois », dont les membres mettent à disposition leurs connaissances sur l'Allemagne.

Christine de Mazières est membre du comité d'administration de la Fondation Genshagen. Elle est l'auteure de *Requiem pour la RDA*, un passionnant livre d'entretiens avec Lothar de Maizière, paru aux éditions Denoël en 1995.

Michel Naït-Challal est journaliste sportif pour *L'Équipe* depuis 1982. Il obtint le prix du meilleur article sportif en 1984 pour son sujet sur le boxeur Michel Siracusa. Il est l'auteur de *Dribbleurs de l'indépendance* (Boulogne-Billancourt, Prolongations, 2008).

Gérard Sebag est journaliste et spécialiste en politique internationale. Il était rédacteur en chef d'Antenne 2 au moment de la réunification, puis de France Télévisions.

Pamela Stenzel, avocate spécialisée en économie, travaille aujourd'hui dans le cabinet Rädler Raupach Bezzeberger à Berlin.

Georges Valance a été directeur de la rédaction de *L'Expansion* et directeur délégué de la rédaction de *L'Express*. Il est aussi auteur d'essais (*France-Allemagne. Le Retour de Bismarck*, Paris, Flammarion, 1990) et de biographies (*Haussmann le Grand*, Paris, Flammarion, 2000 et *Thiers. Bourgeois et révolutionnaire*, Paris, Flammarion, 2007).

Sébastien Vannier est journaliste pour *L'Express*, *Ouest-France* et *CafeBabel* et est spécialisé dans la vie politique, écologique et sportive franco-allemande.

Cornelius Wüllenkemper est journaliste indépendant. Il est correspondant de RFI au bureau de Berlin et travaille pour la *Süddeutsche Zeitung*.

TABLE DES MATIÈRES

Éditions Autrement – collection « Mémoires »

Abonnements au 1er janvier 2010 : la collection « Mémoires », est vendue à l'unité ou par abonnement (France : 132 euros ; étranger : 161 euros) de 8 titres par an. L'abonnement peut être souscrit auprès de votre libraire ou directement à Autrement, Service abonnements, 77, rue du Faubourg-Saint-Antoine, 75011 Paris. Établir votre paiement (chèque bancaire ou postal, mandat-lettre) à l'ordre de NEXSO (CCP Paris 1-198-50-C). Le montant de l'abonnement doit être joint à la commande. Veuillez prévoir un délai de un mois pour l'installation de votre abonnement, plus le délai d'acheminement normal. Pour tout changement d'adresse, veuillez nous prévenir avant le 15 du mois et nous joindre votre dernière étiquette d'envoi. Un nouvel abonnement débute avec le numéro du mois en cours. Vente en librairie exclusivement. Diffusion : Flammarion.

Achevé d'imprimer en août 2010 chez Corlet Imp. S.A., 14110 Condé-sur-Noireau (Calvados), France.
N° 129934. Dépôt légal : septembre 2010.
ISSN : 1157-4488. ISBN : 978-2-7467-1438-0
Imprimé en France.